玉米产业生物育种产业化应用研究

徐伟平 代瑞熙 杨皓森 著

中国出版集团
研究出版社

图书在版编目(CIP)数据

玉米产业：生物育种产业化应用研究 / 徐伟平，代瑞熙，杨皓森著. — 北京：研究出版社，2024.5
（农业农村产业振兴发展研究）
ISBN 978-7-5199-1594-0

Ⅰ.①玉… Ⅱ.①徐… ②代… ③杨… Ⅲ.①玉米-作物育种-农业产业化-研究-中国 Ⅳ.①F326.11

中国国家版本馆CIP数据核字(2023)第214951号

出 品 人：陈建军
出版统筹：丁 波
责任编辑：何雨格

玉米产业
YUMI CHANYE
生物育种产业化应用研究

徐伟平 代瑞熙 杨皓森 著

研究出版社 出版发行

（100006 北京市东城区灯市口大街100号华腾商务楼）
北京建宏印刷有限公司印刷 新华书店经销
2024年5月第1版 2024年5月第1次印刷
开本：710毫米×1000毫米 1/16 印张：6.5
字数：60千字
ISBN 978-7-5199-1594-0 定价：59.00元
电话（010）64217619 64217652（发行部）

版权所有·侵权必究
凡购买本社图书，如有印制质量问题，我社负责调换。

前 言

我国作为人口大国，始终坚持中国人的饭碗要牢牢端在自己手中，中国碗要装中国粮的理念，一直将解决粮食安全问题作为护国安民的头等大事。玉米作为我国产量最高的谷物，用途广泛，不仅在种植业中有重要的地位，而且在畜牧业、工业等领域也发挥着不可替代的作用。2022年12月23日，中央农村工作会议召开，在会上对于"三农"工作的安排中，着重强调了要保障粮食和重要农产品的稳定安全供给，明确提出要实施新一轮千亿斤粮食安全产能提升行动，除了要保障18亿亩的耕地红线以及建设10亿亩的高标准农田之外，种子问题更是提升粮食产能的关键驱动力。具体到玉米产业上，当前我国玉米的单产水平为6500千克/公顷左右，作为对比，美国在2000年玉米的单产水平就达到了8200千克/公顷，近年来美国玉米的单产水平更是稳定保持在了1.1万千克/公顷的水平之上。除了规模种植、机械作业等因素的影响之外，美国玉米的单产水平远高于国内的主要原因就在于美国有着较高的生物育种水平，大面积地种植了转基因玉米。虽然从目前来看，国内社会舆论对于转基因玉米的种植态度并不友好，但是从保障国家粮食安全、维护国家稳定的角度考虑，研究生物育种、释放科技在玉米产业中的增产能力，对于我国提高玉米单产水平、提升农户收入、增加国际竞争力都有着重要的现实意义。

目 录

第一章
导　论
一、生物育种的概念和发展历程…………………………001
二、转基因研发的必要性…………………………………004
三、国内转基因玉米发展的可行性………………………011

第二章
国内转基因玉米安全评价以及管理制度变化
一、转基因玉米的安全评价………………………………017
二、转基因作物管理制度变化……………………………038

第三章
全球主要转基因玉米主产国产业化应用情况分析
一、国际对转基因的态度…………………………………048

二、美国、巴西转基因玉米种植变化分析……………050

第四章

转基因玉米产业化对国内产业链的影响分析

一、我国玉米产业发展现状分析…………………054

二、玉米生产成本收益分析………………………056

三、玉米贸易情况分析……………………………058

四、我国玉米产业面临的困境及产业化影响评估…060

五、玉米生物育种产业化对产业链的影响分析……064

第五章

国际转基因生物管理经验借鉴

一、美国转基因生物管理模式……………………074

二、欧盟转基因生物管理模式……………………076

三、日本转基因生物管理模式……………………079

四、巴西转基因生物管理模式……………………082

第六章

我国转基因玉米推广的建议……………………093

第一章 导论

一、生物育种的概念和发展历程

农业是一项改造并且利用自然的学科，在人类文明史的长河中，很长一段时间内，人类的进步很大程度上都可以说是农业技术的进步。正是因为不断对农业技术进行研究改良，提高了农业的生产力，才使人类有了繁衍生息、不断往前的基础。民以食为天，粮以种为先，要想提高粮食产量，对种子进行改良是基础工作。在目前传统的育种方法中，杂交育种是最为常见，也最为成熟、应用最为广泛的育种方式。依据孟德尔的遗传定律，通过多次的有性杂交，进行不同的排列组合，挑选出稳定的、优良的性状，进而形成优良品种。但是这样的方式缺点也很明显，首先就是需要庞大的基因库，这就需要构建一个庞大的群体来进行杂交，但是现实生活中其实很难搜集到如此多的野生品种，仅通过现有品种进行杂交的话样本量太少，很难出现优良性状；其次就是随机性太大，杂交过程中是将所有的遗传性状都打乱重组，并无法单独控制某一个性状让其保留或者消失，因此一次杂交育种可能就会出现上百个甚至上千个排列组合，这使得后续的挑选工作难度巨大，而且也不能保障这些组合中就会出现人们希望看到的优良品种；最后杂交育种的过程相对漫长，所需要的占地面积也较大，耗费成本巨大，因为随机性的存在，往往需要好多轮才能选育出一个优良品种，极端情况下甚至可能是颗粒无收，所以即使杂交育种的技术已经相对而言比较成熟了，但是其育种效率依然不高。

生物育种，尤其是植物的生物育种技术，就是利用转基因技术，把从动物、植物或微生物中分离到的目的基因或者经过修饰的基因导入植物体内，使目的基因能够在受体内进行稳定的表达和遗传，从而使植物具有人们所需要的性状（如抗病、抗虫、抗逆等）的方法。转基因是一种分子杂交育种的方式，是一种更准确、更高效、更有针对性的定向杂交。常规杂交技术转移的是整个基因组，而转基因是很准确地转移某个基因，就像在图书馆选书一样，杂交是把一箱子书籍成批装到一个书架上，而转基因是有选择地挑出一本书，然后摆放到目标书架上某一个明确的位置，是一种更精确、更有目的性的转移。

第一章
导 论

在近40年的时间内，生物育种技术已经取得了长足的进步，并且取得了令世人瞩目的成就，不少国家已经在转基因技术的研发上投入了大量的人力、物力，并且将其作为以后研发的重点方向，展示了转基因育种技术广阔的发展前景。1983年，世界上首例转基因植物——转基因烟草被生产出来，之后不断地有转基因作物问世并且获得了生产权限。早在1992年，中国就生产了抗黄瓜花叶病毒转基因烟草，1994年美国批准了延熟保鲜转基因番茄上市，之后转基因发展进入快车道，不断地有作物通过转基因技术进行品种改良进而进入市场。截至目前，大豆、玉米、棉花、油菜、马铃薯、木瓜等多个品种都有大量的已经获得生产上市权限的转基因品种。

中国农业转基因技术研究起步于20世纪80年代初期，在国家相关政策的大力扶持下取得了一系列的先进研究成果。中国是世界上继美国之后第二个拥有自主转基因抗虫棉花技术的国家，成功育成杀虫效果更为稳定的双价转基因抗虫棉，并且在之后将转基因生物育种作为国家重大科技专项给予了大量的支持。但是直到现在，我国的转基因作物依然没有得到大面积的推广，尤其是在粮食作物方面，几乎没有任何转基因品种的生产，这主要是因为国家虽然在科技研发上给予了转基因作物大量的支持，但是整体的政策方向却维持了大力研发、谨慎推广的思想,再加之社会上对于转基因作物的种种舆论,所以导致很多已经成熟的转基因品种依然停留在实验室或者试验田内,并未能进入大田生产的环节。换言之,我们国家虽然已经在转基因育种上有了大量的技术积累和储备,却一直都没有将其进行市场化推广。不过随着粮食安全压力的逐渐增加,国际贸易局势更加错综复杂,再加上民众对于转基因作物认知的不断提升和转基因技术日趋成熟,国家目前已经逐步放开了对转基因作物的管制,部分品种也已经进入了试点环节,在为下一步的大范围种植和市场化探索道路积累经验。

二、转基因研发的必要性

研究推广转基因作物,首先最根本的原因就是转基因作物相对于传统作物的优势,也正是以此为基础,才决定了转基因作物在后续环节所能产生的各种社会、经济和生态等方面的效益。一般而言,转基因作物的优势主要有4个方面。

第一,研发周期短,研发效率高。品种改良一直都是农业科技工作中的重点工作,相比较传统育种方式而言,

第一章 导　论

转基因育种有着更强的针对性，并且在育种环节所需时间较短，花费的人工成本也较低。当通过野外收集或者国外引进等渠道得到新的优良的植物性状，想要将其和现有的植物性状相互结合，进而产生新的优良品种时，采用杂交育种的方式费时费力，而且并不一定成功。如果使用转基因育种的方式，可以针对性地将这一段优良性状的基因转移到现有品种之中，做到有的放矢，在很大程度上提高了研发效率。也正因如此，转基因食品往往可以有针对性地去做一些品种研发，比如针对某些生鲜类蔬菜，如果需要长时间地保存或者长距离地运输，转基因技术可以针对性地植入保鲜的基因，增强植物果实的贮藏时间。转基因食品还可以满足某些特定人群的消费需求，如对某些营养素需求程度较高的人群，可以通过转基因技术，增强某一类作物中该种营养素的平均含量，用以满足这类特殊人群的需求。如此具有目标性的品种研发，在传统的杂交育种方式中是很难实现的，但是用转基因技术却可以轻松做到，而且研发效率较高。

　　第二，转基因作物的高产性状。目前全球各个国家、不同地区虽然对于转基因作物的看法和态度还未能完全统一，但是在转基因高产这一点上，大家已经达成了共识，只是由于不同地区因为环境不同的原因，转基因高产的提升程度不尽相同而已。以美国为例，美国原先在国际市场上是大豆进口国，但是在1996年美国批准转基因大豆上市推广之后，美国的转基因大豆迅速铺开，单产水平也得到了大幅提高，一跃成了全球最大的大豆出口国，同时巴西和阿根廷采用美国转基因大豆的技术，也在本国进行了转基因大豆的种植，后续也成了继美国之后全球第二大和第三大的大豆出口国。在玉米产业方面，美国作为转基因玉米的种植大国，玉米单产水平可以达到每公顷1.1万千克以上，但是我国通过传统育种方式得来的玉米品种单产水平只有每公顷6500千克左右，相差40.9%，虽然这么大的差距并非完全是由转基因品种导致的，但是也可以从某种程度上反映出转基因品种的高产性。除了美国之外，也有其他国家种植转基因作物使得当地农业产量得到显著提高的例子，如南非在推广种植转基因抗虫玉米之后，单产水平提高了将近一倍，并且从原先的玉米进口国变成了玉米出口国；印度也是在引进了转基因抗虫棉之后，棉花产量得到了提升，由棉花进口国变成了棉花出口国。

第三，转基因具有抗病、抗虫、抗旱等抗性。通过将特定的抗性基因，如抗虫、抗病、抗旱等基因转移到农作物中，形成转基因品种，就可以让该品种获得相对应的抗性，如此一来，一方面可以节约农业生产成本，如转基因

第一章
导　论

抗虫棉的种植，就相对于传统棉花减少了农药的施用量，不仅节约了农药的购买成本，也节约了使用农药的人工成本；另一方面，转基因作物抗性的提高，也降低了农业的生产风险，间接提高了农业的生产数量，农业是对自然的一种再利用，那么在生产过程中，不可避免地会遭受到来自自然风险的冲击，如风灾、洪涝、干旱等，在极端情况下不仅会导致产量大幅降低，甚至还有可能导致绝收。而转基因作物的应用，就可以提高作物在生产过程中对于这种不利的外部冲击的抵御能力，如在干旱年份，抗旱性状的转基因作物就可以依然保持一定的产出水平，而不会像传统作物一样因为缺水而绝收，从而避免了损失的扩大，间接的也是对产量的一种提升。

第四，转基因作物的营养性相对于传统作物会有针对性地提高。也正是得益于转基因针对性的基因编辑技术，可以对作物进行特定的改良，如通过转基因技术提高谷物食品赖氨酸含量以增加其营养价值，通过转基因技术改良小麦中的谷蛋白和醇溶蛋白的含量比，通过转基因技术提高水稻中的维生素含量，又比如针对缺铁性贫血的人群，科研人员通过转基因技术，将菜豆中的铁蛋白基因成功导入水稻中，来提高大米中的铁含量，改善其营养价值。还有科学家培育出来的转基因油菜，含有大量的高不饱和脂肪酸，用其提炼出来的植物油能有效改善血液微循环，进一步提高了食物在营养膳食方面的食用价值。

正是因为生物育种已有的诸多优势，再加上生物育种作为农业育种最先进的育种技术，代表着该项技术的最新方向，对这项技术的研究不仅可以在社会、经济和环境等多个方面给我国带来效益，同时也是对农业产业未来发展的一种提前谋划和超前布局。

在社会层面上，转基因育种相对于传统育种，具备多个优良性状，其中高产是较为普遍的一个性状。在部分品种上，转基因作物的单产提升率可以达到50%以上，甚至在某些极端情况下，转基因品种的抗逆性可以使得其在环境更加恶劣的情况下生存，从而将原先没有办法作为农田的土地利用起来，换言之，转基因作物的出现可以使得一些农田变废为宝，单产水平可以从零到有。目前，我国每年进口的粮食数量在1亿吨以上，其中大豆和玉米是进口最多的品种，大豆每年进口量在9000万吨至1亿吨，玉米的进口量在2000万吨至3000万吨。依据海关总署的数据，2022年，我国大豆进口量为9108万吨，玉米进口量为2062万吨，而排名第三的高粱，进口量仅为1014万吨，可以看出，如果国内能够有效提高大豆和玉米的产量，那就可以堵住大部分粮食缺口，在很大程度上提高我国的粮食自给

第一章 导　论

率水平，确保中国人能够把饭碗牢牢地抓在自己手中。而且玉米和大豆是目前转基因技术应用最广的两个品种，通过转基因来改善玉米和大豆品种，提高其单产水平是完全具备可行性的，我国目前也确实具备一定的科技储备来实现这个目的。

在经济层面上，首先，从国家的角度来讲，正如上文中所说，如果能够通过种植转基因大豆和玉米，堵住我国粮食的大部分缺口，仅从贸易的角度而言，就可以为我国节省下大量的外汇资金。依据海关总署的统计数据，2023年前半年，我国粮食累计进口金额已经达到了101.5亿美元，如此算来，如果能够实现大豆和玉米的产量增长，那么就可以为我国每年节约外汇将近200亿美元。其次，从企业的角度来讲，粮食加工企业之所以进口粮食，无外乎两个原因，一是国内的粮食数量不够，不得已只能依靠国际进口，如大豆；二是国内的粮食价格过高，购买国外的粮食会更加便宜，如三量齐增时期的小麦、稻谷等，如果国内转基因作物大量铺开，国内产量势必会大幅上涨，那么就可以堵住粮食供给缺口，从而在数量上满足加工企业的需求，在数量增加的情况下，国内的粮食价格也会有所下滑，这样也进一步降低了企业的粮食收购成本，为我国粮食企业的发展减轻了负担。最后，从农户的角度来讲，种植转基因作物，虽然是一项新的技术，但是学习成本并不高，因为转基因作物的抗逆性决定了它们并不需要复杂的田间管理，对于化肥农药以及人力的需求相对于传统作物来讲是降低的。这对于农户而言是一种成本上的下降，并且转基因作物在单产上的明显优势还可以让农户在收入上有所提升，即使是粮食价格有所下滑，但是在单产提升幅度的带动下，农户的最终收入还是会有所提高。所以总体来看，在经济层面上，转基因作物的种植对于国家、企业乃至农户来讲，都是一笔划算的交易。

在环境层面上，农业生产中，化肥农药是重要的生产资料，但是也正是因为化肥农药的使用，导致了严重的面源污染，给环境带来了巨大的压力，而借助转基因作物的抗逆性、抗虫性和高产性，就可以降低化肥农药的使用，从而从源头上降低面源污染。另外，具备抗旱性的转基因作物还可以减少灌溉，从而节约水资源，而且其对于电力和机械的节约还可以使得农业生产中导致的碳排放数量降低。值得一提的是，在转基因作物使用农药数量变少的情况下，农药残留也会相应减少，这对于食用农产品的消费者而言，也是一件好事。

三、国内转基因玉米发展的可行性

种子是农业发展的核心所在，种子质量的高低，是决定农业发展快慢的关键要素。国务院在《"十四五"推进农业农村现代化规划》中，明确提出了要加快实施农业生物育种重大科技项目，有序推进生物育种产业化应用。国家发展改革委印发的《"十四五"生物经济发展规划》，也将现代种业提升工程列为生物经济七大工程之一，足见生物育种对于农业发展的重要程度。

按照国际惯例，育种可以分为四个阶段，分别为以驯化野生植物为主要手段的育种1.0时代；以统计学、数量遗传学和杂交育种为手段进行优良品种选育的育种2.0时代；使用生物技术进行育种，包括分子标记辅助选择、基因工程等方法的育种3.0时代；最后是随着人工智能、基因编辑、合成生物学等技术和学科的兴起和发展，形成的"生物技术+信息技术+人工智能"多学科、体系化的育种4.0时代。从目前的情况来看，我国的育种手段，目前还多是停留在3.0时代，甚至一些品种的选育还停留在2.0时代，不过我国已经开始进行迈入4.0阶段的尝试，在育种理念上已经逐步与国际先进育种理念接轨，但是在育种理论创新、实际操作以及成果产出上，与国际先进水平还有一定差距。

具体到国内的玉米产业上，我国农户种植玉米的种子来源，主要经历了三个阶段。第一阶段为农民自行留种，但是由于玉米是二倍体生物，优良性状的遗传概率仅为二分之一，因此自行留种在玉米种植中并不如小麦等单倍体生物常见。第二阶段，在计划经济年代，玉米种子多为国家调配。第三阶段，随着市场化作用的进一步发挥，农民多是以市场手段进行种子购买。从研发机构来看，2000年我国《种子法》通过，在通过之后的一段时间内，研发机构多是以科研机构为主，企业的研发数量随后逐步上涨，最后在2015年左右超过科研机构审批的品种数量，其中主要包括两个方面的原因：第一是《种子法》通过之后，国家对于审批种子的程序和要求都进行了放宽，人们对于研发种子的积极性上涨；第二是我国作为农业大国，种子市场具有极高的市场价值，因此企业进行种子研发的积极性也有一定保障。从具体的研究品种来看，粮食产业中，水稻和玉米的审批数量在每年粮食作物中的占比最高，这主要是因为水稻和玉米本身具有广阔的市场，并且由于玉米的用途广泛，玉米品种研发方向多元化，早在2006年，企业研发玉米新品种的审批数量就超过了科研院所，而水稻

第一章 导论

则到了2012年才得以反超。小麦作为单倍体生物，农户自行留种现象较为普遍，因此虽然小麦在国内也有较大的市场，但是直到2018年，企业育种数量才超过科研院所。作为对比，由于之前我国在加入世界贸易组织（WTO）时，在大豆产业上进行了让步，导致我国大豆产业受国际市场冲击较大，因此大豆种子的研发依然是以科研单位为主。综合来看，随着我国种子市场的进一步发展，企业逐渐成为育种的主力军，科研机构的占比虽然有所降低，但是在部分品种上依然起到了重要作用，玉米由于自身独有优势，受企业关注度较高，在粮食作物中，相对来说玉米还是属于育种产业起步较早、成熟度较高的产业。

在技术储备方面，以玉米的生物育种为例，玉米的育种起步较早，我国目前生物育种产业化在国际上依然是处在相对落后的位置，国内玉米育种的主流方法还是杂交优势育种，使用生物手段进行育种在玉米产业中还未能得以广泛应用，甚至从某种意义上来说，玉米的生物育种很大程度上仅仅停留在实验室阶段，距离真正的产业化应用还有相当长的一段距离。出现这样的情形很大一部分原因是我国政府采取了大力研发、谨慎推广的态度，这使得很多技术只能被迫地停留在实验阶段，但是多年的实验室经验也让我国具备了一定的技术储备，这是玉米生物育种进行推广的基础所在。

在国内经验上，目前，受多种因素的影响，转基因作物在我国的推广应用陷入一个困境之中，单单是解决民众对于转基因的客观认识问题，就需要花费宣传部门大量的时间精力，而且我国政府对于转基因作物应用的态度也是相当谨慎。虽然玉米还未能得到大面积推广，但是我们可以从其他产业中借鉴经验。截至目前，我国只批准了棉花和木瓜两种作物可以进行转基因生产，从结果上来看，自1996年我国转基因木瓜和1998年我国转基因棉花进行商业化推广之后，截至2019年，我国转基因棉花和木瓜的种植面积占全国该品种总种植面积的比例已经达到了96%，播种面积高达320万公顷，转基因棉花和木瓜在我国推广得如此迅速，市场占比份额如此高，足以说明生物育种相对于传统育种方式的优势。

在国际经验上，玉米、大豆、棉花、苜蓿、甜菜、甘蔗等作物是转基因作物的主力军，美国、巴西、阿根廷、加拿大等国家在20世纪90年代就已经进行了这些品种的转基因商业推广。截至目前，这些国家的转基因作物种植面积也已经占据了其总种植面积的90%以上，阿根廷的转基因种植比例甚至达到了100%，这也足以说明在市场化条件下，转基因作物因为其优秀的抗逆、抗病、高产等性能，

第一章
导　论

比传统育种的作物更受欢迎，也更有竞争力。

从国际贸易的角度上来讲，虽然我国没有批准玉米、大豆等作物的转基因商业化推广，但是由于国内市场的供需缺口，我国每年都需要从国际市场上进口相当数量的转基因玉米和大豆。2021年，我国进口玉米总量为2835万吨，大豆进口数量为9652万吨，主要进口国家为美国和巴西这样的转基因作物种植大国。因此，从这一角度来讲，我国虽然没有批准转基因玉米和大豆的种植，但是我国市场上依然有相当一部分的转基因玉米和大豆流通，尤其是大豆，2021年我国大豆产量为1639.5万吨，进口的大豆数量是国内生产的5.9倍，说明其实在我国消费的大豆中，有七分之六都是转基因大豆，2021年我国玉米产量为27255万吨，可计算得出，我国消费的玉米有一成左右也是转基因玉米。因此可以看出，虽然我国没有放开玉米的转基因商业化推广，但是在市场化机制下，并不能阻止转基因玉米在市面上的流通，所以无论是从保障国家粮食安全的战略考虑，还是从提升我国农业自身竞争力的角度上进行考虑，进行生物育种是我国农业未来必然的选择。

目前，我国也在积极推动转基因玉米的推广和研发，在之前对于转基因作物的态度下，我国玉米其实已经积累了一定的转基因研发的技术基础，也有部分玉米的转基因品种已经获得了农业转基因生物安全证书,进行了一定面积的试点生产。2022年,农业农村部印发了《国家级转基因玉米品种审定标准(试行)》,意味着我国玉米的转基因推广已经迈出了重要一步,虽然还未能开放企业进行生产许可,但是种植农户对于转基因作物的抗逆、抗病、高产等性状都是看得见的,可以预见的是,如果放开了转基因玉米的推广,不加以政府控制,那么转基因玉米在我国的种植面积也会在短时间内达到很高的比例。

第二章

国内转基因玉米安全评价以及管理制度变化

一、转基因玉米的安全评价

目前，针对转基因食品的安全评价，学术界评价不一，可以简单地将其分为支持派和怀疑派。支持派的观点自不必说，是支持转基因进行推广，或者是支持转基因在一定的监管力度下进行推广。支持派的观点就是从科学的角度出发，认为转基因的抗逆性、抗病性、高产性相对于传统品种有着明显的优势，推广转基因对于提高农业生产力、解决全球饥饿问题都会有显著的作用。怀疑派则是对转基因作物持怀疑态度，严重者甚至直截了当地反对转基因作物。针对怀疑派的观点，也可以将其简单地分为几个流派，分别是转基因的食用安全、伦理安全、生态安全等方面，而这也恰是民众最为关注的问题，是引起社会舆论讨论最多的话题。接下来，本书将针对转基因作物的安全性进行重点阐述。

（一）转基因作物食用方面的安全性评价

目前，针对转基因作物及其加工产品的评价主要有五个原则，分别为科学原则、个案评价原则、实质等同性原则、遗传特性分析原则、危险性分析原则。其中科学原则说明对于转基因类产品的研究和评价一定要秉持科学公正的原则；个案评价原则指的是在基础的、通用的评价原则上，针对每个产品的特征制定出独立的评价标准；实质等同性原则指的是在评价过程中，如果该产品与传统产品的成分大体相同，那么转基因类产品与传统产品在管理上应该采取相同措施；遗传特性分析原则主要是针对导入的外源基因进行判断，衡量其是否会在遗传的过程中造成危险性的变异；危险性分析原则是从整体出发，评估导入的外部基因对于人体是否会产生健康上的损害。依据以上评价原则，目前对于转基因食品的评价主要从营养学、毒理学、致敏性、非预期效应等方面进行。

在营养学方面，首先需要明确的是，即使是通过传统育种方式进行培育的玉米品种，在营养学方面也会存在较大的差异，因此在进行转基因玉米的营养性分析时，就需要先明确其比较对象，一般是采用非转基因亲本进行营养

第二章
国内转基因玉米安全评价以及管理制度变化

成分的对比分析，对比内容主要包括碳水、脂肪、纤维素、无机盐、蛋白质、维生素等人体常用营养物质。一般而言，转基因作物与传统作物相比，只是针对某一种性状进行改良，如抗虫性、抗药性、高产性等，所以在改良的性状与营养物质无关的情况下，转基因作物与传统作物在营养物质上其实并不会有太大差别，当改良的性状与营养结构密切相关时，除了要比较改良性状之外，还需要考察其余营养要素是否含量降低，如果降低，是否在食品标准的可接受范围之内。以玉米为例，当以纤维素为改良性状时，在提升了纤维素含量的同时，还需要考虑其余营养要素的含量是否降低，降低程度是否能够接受。如果以产量为改良性状，在提高单产的同时，则需要考虑每单位玉米的营养要素含量是否降低，不能只是追求产量而放弃营养物质，如果需要牺牲部分营养物质指标，那么牺牲程度需要保障营养物质含量在标准范围之内。依据此项标准，在进行转基因玉米种子审批时，需要确保该品种生产出的玉米所加工的食品或者饲料，能够满足人体或者牲畜的正常膳食需求。

在毒理学方面，顾名思义，就是对转基因玉米以及其加工品进行毒理学检验，是转基因玉米食用安全评价中必不可少的一部分。一般情况下，当转基因玉米的新表达物质为蛋白时，需要进行已知毒性蛋白的核酸和氨基酸序列对比、热稳定性和胃肠道模拟消化试验等，当新表达的蛋白无安全食用历史时，则需要进行急性经口毒性试验，即使用啮齿动物进行动物使用试验。当新表达的物质为非蛋白质时，如糖类、脂肪、无机盐、维生素等，依据个案评价原则，则需要单独分析试验，一般验证的内容包括毒物代谢动力学、遗传毒性、亚慢性毒性、慢性毒性/致癌性、生殖发育毒性等方面。从目前已有的研究结果来看，无论是试验动物喂养，还是毒理性分析，均无法说明转基因玉米的长期食用对于人体健康有潜在或者直接影响，并且从营养学的角度来讲，转基因玉米与传统玉米之间也并无明显区别。不过目前来说，由于转基因还涉及伦理等因素，再加上基因遗传是否会出现变异等不可控结果仍然没有出现决定性的研究结果，所以社会上对于转基因食品仍然有消极看法。不过从另外一个角度出发，由于转基因农作物相比较传统农作物会具备更强的抗逆性、抗虫性或者抗病性，所以在种植过程中，在田间管理阶段可以减少化肥用量，从这一点来看，转基因玉米相对于传统玉米来说，反而还具备一定的优势。

在致敏性方面，早在1995年，联合国粮食及农业组织（FAO）就将奶、蛋、花生、坚果、小麦、大豆、鱼和贝类这8种食物划定为常见过敏原，事实上，能够导致过敏的食物并不止这8种，可以造成人类过敏反应的食物种类有150多种，因此可以认为，能够导致过敏反应的，并非就一定不可以被用作商业化大量生产，更应该对其进行科学认识，严格管理。转基因食物与传统食物相比，由于其体内有人为导入的外部基因，因此，会表达出与原生作物不一致的蛋白质或者其余营养物质，无论外源基因表达出的物质是已知过敏原，还是与已知过敏原的氨基酸序列在免疫学上有明显的同源性，或是所属某类过敏原家族，均可能会成为新的过敏原。因此，对于转基因食物的过敏性评价，其实就是针对这一部分新表达的营养物质的过敏性评价。以"巴西坚果事件"为例，1996年，美国的种子公司把巴西坚果中的2S清蛋白基因植入大豆中，来解决大豆蛋白中蛋氨酸含量低的问题。但是在对该转基因大豆进行安全评价时，研究者利用有巴西坚果过敏史的受试者的血清，对该转基因大豆、巴西坚果和纯化后的2S清蛋白进行过敏原吸附实验、酶联免疫印迹，以及皮肤点刺等实验，发现对巴西坚果过敏的人同样会对这种大豆过敏，因此推测蛋白质2S清蛋白可能是巴西坚果中的主要过敏原。这证明了在从巴西坚果向大豆转移一个主要过敏原的过程中，同样也转移了它引发过敏的能力，能够在本来对巴西坚果过敏的个体中引发过敏反应。该公司也立即终止了这一产品的研发。此事一度被认为"转基因大豆引起食物过敏"的反对转基因者作为例证。但是需要注意的是，虽然"巴西坚果事件"说明了转基因作物有过敏性反应，但是也只能说明转基因作物使用的某一个外源基因有过敏反应，并无法说明所有的转基因作物都具有危险性。因此，单纯的一个过敏原无法对整个转基因作物进行否定，以转基因玉米为例，如果发现抗虫性玉米有过敏反应，那么可以停止这类玉米的种植许可，但是并不能波及其余转基因玉米种类。在过敏性上的管理，应使用氨基酸序列同源性的比较、血清筛选实验、模拟胃肠液消化实验和动物模型实验等方法，综合判断该外源基因的潜在致敏性的高低，最后决定其是否能够进行大规模商业化生产。

在非预期效应方面，指的是除了由目的基因插入导致的预期效应之外，在相同条件和环境下种植的转基因植物与非转基因亲本相比，在表型、反应和成分上呈现出的统计学显著性差异。理论上，受体基因组的内源基因结构和功能可能会因为外源基因的整合而发生突变，进而导致其相互作用发生遗传或者表型特征的变化，具体表现可能为阻碍内源基因表达、外源基因表达过量、形成新的物质表达等。正是因为有诸多不可控的非预期效应，所以才会导致民众对转基因食物持怀疑态度，即使目前所有研究结果都表明转基因作物无害，但是民众仍以非预期效应未能得到有效观测来进行质疑，所以转基因食物的"安慰剂"检验和民众观念纠正都是不可或缺的。

（二）转基因作物生态方面的安全性评价

除了以上食用安全的框架之外，生态稳定等因素也都是转基因玉米进行推广种植时需要考虑的问题。在生态稳定上，地球有着自身的生态系统结构，存在一定的自我调节能力，但是在人力的干预下，是否会打破这一平衡，出现不可逆转、不可挽回的后果还犹未可知。生物圈二号试验的失败说明了人类无法复制出地球这样的生态系统，因此也就无法在实验室阶段验证转基因作物对于生态系统真正的影响。而基因漂流、对非目标生物造成的危害、产生不可控的有害物质更是无法被有效预测，例如抗虫性转基因玉米，有可能会对鸟类生存造成威胁，进而影响整个生态系统。

由于生态安全这一方面相对而言在论证上难度巨大，首先是从时间上，生态环境的变化并非短短几天就可以产生明显变化，因此在证明上具有很大的难度。其次是从责任判定之上，因为生态系统本身就具有复杂性，因此很难做对比性试验，而且也因为时间线拉得很长，多种因素都会对生态系统的变化起到作用，很难针对性地就转基因作物对生态系统的影响做判定。举个例子，一个抗虫性的转基因品种种植到田地之中，会有部分学者认为其损害了生态系统原本的稳定，因为虫子缺少了食物，会影响鸟类等以虫子为食物的物种的生存，进而产生连锁反应，这样的分析在理论上是成立的。但是抗虫性的作物并非对全部虫子都能抵抗，鸟类其实还可以用其他虫子作为食物，并且虫子也并不只是以这一个植物作为食物，因此虫子能否灭绝还要另外讨论。除此之外，抗虫性的作物会使得农药的施用量下降，这对于生态系统而言是一件好事，所以整体来看，这件事情究竟对生态系统是好是坏，又能够影响到哪种程度，其实并不好做出判断。在2016年，来自世界各国的100多位诺贝尔奖得主联名发出一封公开信，谴责绿色和平组织在这么多年来对转基因技术的污蔑和攻击，这说明起码在科学性上，转基因技术是中性的，并无好坏之分，至于转基因作物，目前并没有办法或者证据能够表明它具有危害，但是却已经受到了很多无端的指责。

（三）转基因作物伦理方面的安全性评价

在生物伦理方面，其实伦理学层面并不相当于物理

第二章
国内转基因玉米安全评价以及管理制度变化

学层面，不牵扯实质性的物体，更多的是一种精神道德层面的正确与否或者接受与否，其更接近于哲学理论。本书在论述的过程中，借鉴Ronald Munson（2000）和毛新志（2004）的思路，在原则主义的基础上，对转基因作物的安全性进行论述评价。

1. 效用原则

虽然此处是以伦理学的角度来讨论问题，但是效用原则其实更加偏向于经济学的领域。效用原则的内容是，作为一个行为人或者组织，不仅要考虑不伤害原则，同时也要考虑自身以及其他主体效用的提升，即在不伤害其他主体的情况下，尽可能获取到更多的收益，此处的收益可以是简单的金钱收益，也可以是社会收益或者环境收益等。可以看出，效用原则与经济学中经典的理性人假设类似，即一个人在行动的过程中都是利己的，他们所做出的每一个决策都是为了在付出更小成本的情况下获取最大的收益。事实上，效用本身也是经济学中的一个经典概念，只不过伦理学中的效用原则还另外添加了一个限制条件，即这一行为对于其他主体是无害的。

效用原则的衡量标准是最终效用的大小，即这一行为最终导致的结果究竟是好是坏，又好到何种程度或者是坏到何种程度，好到最大限度的那个行为，自然就会被认为是最符合效用原则的行为,换言之,效用原则是最为简单直接的以结果作为评判标准的原则。但是事实上,在实际操作的过程中,任何一个操作所带来的后果都是不可预知的,因此也就无法提前选择最优的行为决策以得到最大的效用。效用原则只是提供了一个评判标准,但是以获取最大效用为行事准则在现实中其实是行不通的。不过通过提前预判也可以在一定程度上对某种行为的最终效用做出推断,只不过在判断的过程中需要考虑来自各方的因素,再加上实际操作过程中又往往存在诸多的未知因素,所以预判的结果和真实的结果往往不是相互对应的。但是不可否认,科学合理地提前推断,已经是衡量未知效用最好的方式了。

具体到转基因技术上,一般对于效用的评估是从两个方面来进行的,一方面是收益,另一方面是成本。使用转基因技术可以带来收益是毋庸置疑的,这一点在上文中都已经具体论述过,此处就不赘述。在成本方面,首先是环境成本方面,转基因技术是否会对生态环境的稳定性造成破坏,是否会因为转基因技术的使用而导致食物链条的断裂,是否会因为转基因技术的使用而产生基因漂流最终产生超级植物,等等,都是在讨论转基因技术时经常出现的。事实上,虽然目前没有明确的证据来证明这些问题是真实存在的,但是从科学的角度来讲,对于这样可能出现的风险也是需要客观看待的。那么在环境方面的成本就需要考虑到这样的风险发生的概率以及其可能产生的后续不良结果,进而计算出一个合理的期望值来作为衡量环境成本的结果。同理,对于人类健康风险,如转基因食品是否含有未知毒素会危害人类健康,转基因食品是否会因为转基因技术的使用而在食品中产生未知的过敏原,转基因食品是否破坏了食品原本具有的营养成分,长期的食用是否会对人体造成潜在的影响,等等,这些问题同样需要评估发生的概率和发生之后的危害程度。在社会危害方面,由于转基因技术往往掌握在发达国家手中,即使是以我们国家目前的技术储备而言,相比较美国这样的发达国家依然是较为落后的。那么在转基因技术放开之后,我们国家的转基因企业,是否会受到来自国外跨国企业的冲击,当转基因技术的专利存在时,我国的农业产业又是否会受到国外的控制,转基因技术的出现是否会导致那些不了解先进技术的农户无法正常进行农业生产,甚至丧失土地进而无法保障自身生活,等等,这些都是客观存在的风险。甚至从国际经验来看,受美国孟山都等跨国公司冲击,进而导致自身国内农业产业丧失自主权,大量农民失地失业的情况已经在阿根廷实实在在地发生了。因此对这类风险的评估，不仅仅要做到科学评估，同时也需要考虑如何有效避免这样的风险发生，或者在发生之后，如何快速有效地建立防御措施。从评价的衡量角度来讲，一个科学有效的衡量体系在转基因技术的评价中是很难建立起来的，即使采用了复杂的数学模型来计算，但是从数据的获取以及最后数据结果的解读来看，由于不同的人群对于转基因的立场本就不甚相同，那么对于数据的解读很有可能会产生偏差，尤其是转基因技术本身在利弊方面就存在很大的争议。

从效用原则的角度来讲，如果要追求最大的效用，那么必然还需要考虑到短期效用和长期效用的均衡问题。正所谓事急从权，两害相权取其轻，在很多情况下，受现实条件的限制，政府或者民众都无法作出最理想的决策，只能在现实条件的制约之下寻求一个最优解。正如同现在已经推行转基因技术的阿根廷和巴西，尤其是巴西，本身巴西政府考虑到转基因技术的推广会损害贫困农民的利益，甚至会对自身国内的农业产业造成较大的损害，但是在美国已经推行转基因技术的情况下，作为农业大国的巴西如果依然不采用转基因技术，那么在国际农产品贸易市场上，巴西的农产品竞争力必然会急速下滑。与转基因技术推广带来的坏处相比，失去农产品出口所创造的外汇，是巴西政府更加不能接受的事情，所以在这种情况下，即使巴西政府意识到了转基因技术推广可能存在的隐患，但是推广转基因技术却也是箭在弦上而不得不发。

2. 尊重原则

尊重原则表示要尊重人类的自主选择权利，不可以将某些观点或者态度强行加到其他人身上，或者是不可以强行要求别人认同自身的观点。在转基因技术的推广中，往往也需要用到尊重原则来进行讨论。有部分民众认为，政府如果强行推行转基因技术，就是对自身消费自主选择权的一种剥夺，如果市场上所售卖的产品并没有明确的转基因标识，那么对于不支持转基因技术的民众来说，进行消费的时候无疑是没有得到足够的尊重。鉴于此，绝大多数国家在推行转基因技术的同时，也会在转基因产品上市的时候给予严格的标识要求，要让民众可以轻易地了解到该项产品是属于转基因产品还是传统产品，这就赋予了普通民众在消费中的知情权和选择权。但是需要进一步讨论的是，由于转基因技术相比较传统技术在生产端具有显著的优势，所以转基因技术会更加受到生产者的青睐，很有可能会出现在供给端都种植转基因作物，进而导致市场上不存在传统作物的情况。这样的情况在美国、巴西等国已经出现，这些国家的一些品种，如大豆等转基因品种的推行比例已经达到了将近100%，所以即使进行了标识，但是市场上只存在转基因产品，那消费者也无从进行选择。那么是否可以强制要求生产者保留一定比例的土地去种植非转基因作物呢？答案应该是否定的，因为这样相当于没有尊重生产者自身的生产决策权。因此在市场行为下，如果出现转基因食品大行其道的场面，传统食品想要上市，只能是由愿意消费传统食品的消费者为此提供更高的价格，进而刺激生产者提高种植传统作物的积极性，那么这些高出来的购买成本是否真的应该由消费者承担，本章接下来还将进行一定的讨论。

3. 公平原则

公平原则指的是在具体实施某一件事情的时候需要做到对涉及这件事情的每个个体或者组织都能够做到平等对待，其中涉及利益分配、责任分配、风险分配等诸多因素，如果在一件事情的实施过程中，某些个体或者组织承担的风险或者责任过多，但是获得的收益较少，那么可想而知对于这部分人或者组织来说，必然是不公平的，反之亦然。在伦理学中，公平可以理解为一件事情能否长期稳定存在的重要依据。在现实生活中，公平是很难实现的，这涉及个体强弱、政策设计、政治体制等多种因素，但是一个文明的国家，必然是以追求公平作为目标的。

具体到转基因作物中，从受益方来看，进行转基因技

第二章
国内转基因玉米安全评价以及管理制度变化

术研发、种植以及销售的个体或者组织无疑是受益方，从其中获得更高税收的国家也可以理解为受益方，但是从风险承担的角度来讲，转基因所带来的风险是针对整个生态系统或者是所有消费转基因食品的人群的。可以说，转基因的风险能够覆盖整个人类群体，那么在这样的情况下，就形成部分人群或者组织受益，而全部人群要承担风险的局面，从上文中对公平的描述来看，这无疑是不公平的。

在现实生活中，虽然不公平是常见的现象，但是如果要进行转基因技术的大面积推广，尽可能削弱社会上的阻力的话，形成一种公平分配的格局是必要的。因此，可以依据公平原则设计出一套尽可能公平的利益分配方案。例如上文中所提到的，传统食品高于转基因食品的购买成本应该由谁来承担的问题。在最简单的情境之下，消费者应该为自身的消费行为买单，所以这样的购买成本应该全部由消费传统食品的人来买单，但是即使是消费传统食品的人，他们依然承担了转基因食品推广带来的风险，并且这部分高出来的成本也是因为转基因的推广才带来的，所以从公平性的角度而言，全部由消费者买单是不合适的。那么从另外一个角度出发，以转基因技术研发公司为代表的受益方是否应该为这部分的消费群体买单呢？首先依然从最简单的情境出发，坚持消费传统食品的人群不是转基

| 031

因技术研发公司的客户，甚至可以认为正是由于这部分人的坚持，才导致转基因技术在推广过程中存在了诸多的阻碍，这两者的关系并非相互获益，反而是相互损害的。但是消费者不消费转基因食品是自由的市场行为，这并不牵扯对与错的问题，只是单纯的市场选择，但是转基因技术推广带来的环境风险，确实是由传统食品的消费者承担了，而且并没有给予这部分消费者选择的权利，在转基因技术推广的过程中，他们只能被迫地接受这一风险，因此相比之下，转基因技术的受益方为这部分消费者提供一定的补贴，弥补他们更高的购买成本是合理的。其次再往深层次考虑，受益方给予受损方一定的补贴并非只是为了单纯地去满足公平原则，同时也是为了受益方的事业更好地开展，如果受益方坚持不给予受损方补助，那么可想而知，转基因技术的推广所面临的阻力必然加大，换言之，以给予一定的补助，换取转基因技术推广的便利，这对于受益方来说也是一件好事。从政府的角度出发，也应该尽可能地去推动这件事情，政府作为公职部门，不应该只考虑经济发展、税收等经济账，也需要算好政治账和生态账。从政治账的角度出发，维持正义公正的宏观环境是政府的本职工作，无论消费者是消费转基因食品，还是消费传统食品，他们都是政府的公民，政府有义务去保障每一个公民应有的权利；从生态账的角度出发，转基因技术既然具备对生态环境造成损害的风险，那么这部分风险的治理成本就应该让受益方去承担，同时也应该从中拿出一部分来补贴风险的承担者。最后从构建种质资源库、稳固国家农业根本的角度出发，传统作物虽然在经济条件上相比较转基因作物不具备优势，但是从种质资源库建设的角度出发，一个完善、多样的种质资源库是一个国家农业能够持续发展壮大的根本所在，即使是转基因推广之后，也需要从传统作物中继续吸取优秀基因组来进行农产品种子的持续改进，因此从这一个角度出发，保护传统农业的种植，在某种意义上也是为了转基因作物在日后的持续发展。

4. 必要性原则

必要性原则其实在很多种学科中都有不同的表述，在医学伦理学中，必要性原则可理解为做出某件事情的意义和价值是不可替代的，因此将这件事情推到了一个非做不可的地步。在法理学中，必要性原则的内涵是指行政行为应以达到行政目的、目标为限，不能给相对人权益造成过度的不利影响，即行政的行使只能限于必要的度，以尽可能使相对人权益遭受最小的侵害。其实虽然表述不一致，但是其中所包含的思想是有共通之处的，即在事情的实施过程中，都应该尽可能保持实施力度的把握，以恰好达到目的为宜，如果力度过小，未能实现最终目的，那么就没有体现出这件事情的必要性，但是如果力度过大，超出了原定目标，那么超出部分就不具备必要性，本身不具备一定要实施的条件，会存在过度执法或者过度干预的情况。

采用必要性原则来对转基因技术的推广进行衡量，首先需要明确，转基因技术是否有其必须推广的原因所在，即转基因技术是否存在推广的必要性。其次需要弄清楚的是，转基因技术的推广目的究竟需要达到什么程度，其中的衡量标准又应该如何建设。在第一个问题上，其中的原因在第一章中分析转基因推广的必要性时就已经做出过论述，涉及了转基因作物自身的优势，以及因为这些自身优势所带来的在社会、经济以及生态方面的诸多好处，具体的内容在此就不做过多重复。基于此，在必要性原则的基础上，可以达成一个共识，即转基因技术是有其推广的必要的，在这个大的前提之下，才具备讨论转基因技术推广程度的空间。

要讨论转基因技术的推广程度，也应该追根溯源，要先弄明白转基因技术推广的目的所在，而因为不同主体的诉求不同，在推广转基因技术的时候，所追求的目的也不尽相同。首先是转基因技术的研发公司，作为转基因技术推广过程中经济方面收益最大的主体，转基因研发公司的

第二章
国内转基因玉米安全评价以及管理制度变化

目的必然是希望转基因技术的推广程度越大越好。其次是转基因技术的种植农户，农户作为我国最基础的种植决策者，其种植决策的依据也基本可以将其单纯地理解为经济追求，当转基因作物的种植收益明显大于传统作物的种植收益的时候，农户自然也希望自身所种植的作物都是转基因的，这正如巴西在20世纪90年代所发生的事情一样，虽然巴西政府在政策上为了保护小规模农户，限制了转基因技术在巴西国内的推广，但是在利益的驱使之下，巴西的农场主依然通过走私等手段获得了转基因作物的种子，进而在政府限制的情况下，完成了转基因作物对巴西农业的渗透。对于农产品加工企业而言，目前我国的农产品加工企业在收购原料的时候，除非有特定需求，否则在大部分情况下其实并不是以转基因或者非转基因作物来作为收购的一个依据，加工企业收购初级农产品时，更多考虑的是农产品中各种营养要素的含量。除此之外，还需要考虑收购成本问题，转基因作物相比较传统作物而言，在营养价值和收购成本上都具有一定优势，所以企业也希望自身能够收购到物美价廉的转基因作物。对于消费者而言，消费者关注的重点其实和农产品加工企业有些类似，作为农产品的购买者，消费者也同样关注农产品的营养价值和购买成本，但是区别在于，消费者购买这些产品是食用的，所以必须在考虑营养价值的情况下，更加优先地考虑安全问题，即使目前没有明确的证据表明采用转基因技术生产出来的作物在安全性上存在问题，但是依然有不少的消费群体心存芥蒂，所以就会导致消费者中存在分歧，支持转基因的消费者自然希望转基因作物能够推广，进而降低自身的消费成本，而对转基因有所抵触的消费者自然也就不希望转基因作物的推广面积过大，从而影响自身的食品安全。对于国家而言，转基因技术的推广对其有着多方面的影响，以我国为例，转基因技术的推广可以带来单产上的提升，我国每年进口粮食的数量多年来稳定保持在1亿吨以上，2022年中国进口粮食14687万吨，出口粮食322万吨，净进口14365万吨，虽然我国已经确实保障了粮食供应的绝对安全，但是数额如此巨大的粮食进口量，依然说明了我国的粮食整体安全存在一定的风险。从国家粮食安全的角度出发，推广转基因以削弱国内对于国际粮食市场的依赖是有必要的，但是目的在于稳定国内粮食市场，而并非通过转基因作物种植来获取经济效益，所以当转基因作物推广到可以有效降低进口依赖度的时候，国家就不宜再从政策层面上进行转基因技术推广的鼓励和支持，同时从跨国公司依靠转基因技术来把控其他国家农业产业的国际先例来看，大面积的转基因技术推广本身就对我国的农业产业

第二章
国内转基因玉米安全评价以及管理制度变化

稳定发展存在一定的风险，转基因技术在我国国内的推广不仅要考虑到粮食安全的问题，同时也需要考虑到我国自身转基因技术的储备量，要在能够有效抵御外部冲击的前提下，进行转基因技术的推广。

总体来看，从必要性的原则出发，每个个体对于转基因的必要性都有不同的衡量标准，虽说最终的决策权必然还是掌握在政府手中，但是政府也不能搞"一言堂"决策，也需要综合考虑社会各方的诉求，不然就会出现社会问题。从这一角度而言，我国目前有适当推广转基因技术以降低国内粮食安全风险、提高农户收入、降低企业运行成本的必要性，但是像美国、巴西等国家将某些品种的转基因比例推广到95%以上的情况，还不适合我国现有的国情。

综合来看，目前对于转基因作物安全的判断标准，已经有了科学合理并且成体系的依据，而且就目前的研究结果来说，并不存在明确的不利证据，但是截至目前，很多潜在危害可能还没有暴露，这也是民众对转基因有消极看法的主要原因。就目前的事实情况来看，虽然我国不允许玉米转基因生产，但是国内市场上依然有转基因玉米流通，所以我国民众在有意或者无意之下，食用转基因食品在日常生活中已经慢慢习惯，目前也未出现食品安全事件，这也说明了转基因玉米在进行科学管理的情况下，是可以保证其安全性的。从长远的发展来看，受资源条件限制，放开转基因玉米的生产是势在必行的，政府这几年对待转基因作物的态度也逐渐放开，与其将这一部分市场拱手让与国外市场，不如进行国内的大力研发，将中国人的饭碗牢牢地端在自己手中。

二、转基因作物管理制度变化

虽然目前来说，没有任何明确的证据表明转基因生物具有危害性，但是其复杂性和不确定性的存在依然要求政府需要对转基因作物进行有力管控。进行转基因管控主要有三方面的原因，第一是转基因作物推广的必然性。从上文的分析中可以看出，如果我国依然坚持不进行转基因作物的商业化推广，那么面临的局面就是逐步丧失国内的粮食阵地，最终危害我国的粮食安全。禁止转基因研发，但是并无法避免转基因作物进入国内市场，即使在海关层面出台政策进行转基因作物的进口管制，但是国际市场上，尤其是玉米和大豆，主要的几个出口国所种植的品种基本都是转基因品种，禁止转基因作物进口，其实基本等同于关闭了国际市场，但是国内市场的缺口补充却是一个绕不

第二章
国内转基因玉米安全评价以及管理制度变化

开的问题，因此进行转基因作物的安全管理，其实就是为我国农业产业的安全发展提供良好的制度保障。第二是转基因作物自身的风险性和复杂性。和传统作物相比，转基因作物进行大规模商业化种植也只有20余年时间，诸多风险还未能得到有效观测，民众对于转基因的认识还不够客观，新型的科技进步固然会带来可观的好处，但是如何避免这一双刃剑背后的风险，就是政府需要考虑的问题。第三是转基因作物带来的外部性影响需要政府出面进行利益补偿，安全食品除了可以给生产经营者带来好的经济收益外，还需要保障人身安全和健康、提高农业产业效益和食品国际竞争力等社会效益，具有明显的正外部效应，而市场需求不能完全反映食品生产者的所有收益，进而降低了生产经营者提高安全水平的主动性，需要政府纠正这一市场失灵现象。不安全食品具有明显的外部不经济性，危及消费者的身心健康和安全，不利于农业产业结构调整和食品国际竞争力的提升，而生产者却没有为此支付足够抵偿这种危害的成本，同样需要政府管制。无论是转基因技术带来的提高单产、降低生产成本、减少环境污染、提高食品营养等正外部效应，还是威胁人身健康、破坏生态、危及农业产业安全等负外部效应，到目前为止都没有定论，因此市场也就不可能对此做出积极响应，只能发挥政府的管理作用。可以预见的是，这一管理的难度相比于管理传统作物来说更大，并且需要积极地进行动态调整，以契合时代背景。

在中国，转基因食品安全管理从属于农业转基因生物安全管理范畴。在1993年，国家科学技术委员会颁布了《基因工程安全管理办法》，但是这一管理办法并未能将职责落实到各个具体的行政部门，在现实中不具备可操作性，而且当时政府部门对于基因工程的认识也并不清晰，并没有得到足够的重视，因此并未能得到贯彻落实。2001年5月，国务院印发了《农业转基因生物安全管理条例》（以下简称《条例》），用来统一管理农业转基因生物的研究、试验、生产、加工、经营以及进口、出口活动等各环节的安全性问题。在《条例》的指导下，原农业部、原卫生部、原国家质量监督检验检疫总局等三部门相继出台六个配套规章，较为全面地落实了其规定的各项管理内容。其中有四项规章由原农业部制定，分别是《农业转基因生物安全评价管理办法》《农业转基因生物进口安全管理办法》《农业转基因生物标识管理办法》《农业转基因生物加工审批办法》。原卫生部制定了《转基因食品卫生管理办法》，原国家质量监督检验检疫总局制定了《进出境转基因产品检验检疫管理办法》。准确地说，中国转

第二章
国内转基因玉米安全评价以及管理制度变化

基因食品安全是在部际联席会议的指导下,由原农业部、原卫生部和原国家质量监督检验检疫总局分工负责、共同实施的。原农业部负责转基因生物的研发、生产、加工以及流通环节的安全管理,为此还专门成立了农业转基因工程安全管理办公室,分实验室、中间试验、环境释放、商品化生产等四个环节对我国的转基因作物商品化生产进行审批,原农业部设立的农业转基因生物安全委员会负责农业转基因生物的安全评价工作,该委员会由从事农业转基因生物研究、生产、加工、检验检疫、卫生、环境保护等方面的专家组成。原卫生部负责由转基因生物加工成的转基因食品进入消费市场环节的安全管理,原国家质量监督检验检疫总局负责转基因生物和食品的进出口检验检疫工作。之后随着政府部门的改制,转基因作物的管理分别由农业农村部、国家卫健委、国家市场监督管理总局以及海关总署等部门负责。

从具体的管理制度上来看,主要包括安全评价制度,生产、加工、经营的许可和审批制度,标识制度以及进出口管理制度。其中安全评价制度主要由农业农村部的农业转基因生物安全管理办公室和国家卫健委负责,生产转基因作物的许可和审批由农业农村部负责,但是之后加工成食品的环节由国家卫健委负责。标识制度规定,在我国境内销售的农业转基因生物，必须进行标识，而且也规定了标识方法，这一块主要由国家市场监督管理总局负责。进出口管理制度按照用于研究试验、用于生产、用作加工原料三种类型，实施进口安全管理。每种类型都与转基因生物安全评价制度相结合，确保进入中国的转基因农产品的环境安全和食用安全。

需要特别说明的是，虽然管理制度主要分为四部分内容，但是除了进出口制度之外的三个管理内容，都有明显的本地化管理风格，规则的制定和执行都由国内专家和行政部门来操作，但是在进出口管理制度上，按照《条例》的规定，我国过多地依赖了国外的检验结果。例如《条例》规定，境外公司向中华人民共和国出口转基因植物种子、种畜禽、水产苗种和利用农业转基因生物生产的或者含有农业转基因生物成分的植物种子、种畜禽、水产苗种、农药、兽药、肥料和添加剂的，应当向国务院农业行政主管部门提出申请；符合下列条件的，国务院农业行政主管部门方可批准试验材料入境并依照本条例的规定进行中间试验、环境释放和生产性试验：①输出国家或者地区已经允许作为相应用途并投放市场；②输出国家或者地区经过科学试验证明对人类、动植物、微生物和生态环境无害；③有相应的安全管理、防范措施。生产性试验结束

第二章
国内转基因玉米安全评价以及管理制度变化

后,经安全评价合格,并取得农业转基因生物安全证书后,方可依照有关法律、行政法规的规定办理审定、登记或者评价、审批手续。《条例》还规定,境外公司向中华人民共和国出口农业转基因生物用作加工原料的,应当向国务院农业行政主管部门提出申请,符合下列条件,并经安全评价合格的,由国务院农业行政主管部门颁发农业转基因生物安全证书:①输出国家或者地区已经允许作为相应用途并投放市场;②输出国家或者地区经过科学试验证明对人类、动植物、微生物和生态环境无害;③经农业转基因生物技术检测机构检测,确认对人类、动植物、微生物和生态环境不存在危险;④有相应的安全管理、防范措施。这说明,从进出口管理制度的验证标准来看,在前面两条都是要求输出国已经进行了商业化生产,虽然在后续添加了检验合格这样的标准,但是上文的分析中已经多次提到,转基因作物在目前来说,其实并不具备明显的危险性,之所以对转基因作物的应用推广如此谨慎,大部分的原因都是在于未知的风险,而这些未知风险的验证需要进行长期试验才能得出明确的结果,在进行进出口贸易的时候,明显不具备这样的试验条件,因此也只能进行常规检验,那么既然输出国已经允许了在当地进行商业化生产,就说明在常规检验下,这些转基因生物并不存在消极

043

结果，换言之，在输出国已经进行了商业化的前提下，我国在进口转基因生物的时候，也很难确定其是不是绝对安全，得出的结论大概率与输出国的检验结果一致，这就导致了我国虽然在国内对于转基因生物的审批管理十分严格，但是在进出口贸易这一块，其实还是在很大程度上沿用了国外的审批标准。从风险管理的角度出发，我国依然是承担了和输出国一样的风险，因此可以认为我国的转基因生物管理审批制度，其实是一种内严外松的管理模式。

2009年6月，我国颁布实施了《食品安全法》，这是目前我国食品安全领域最高层面的法律，其中明确指出："乳品、转基因食品、生猪屠宰、酒类和食盐的食品安全管理，适用本法；法律、行政法规另有规定的，依照其规定。"这一条说明了，转基因食品和其他食品一样，适用《食品安全法》和其他专门法律法规，同时这表示，在最高级别的法律层面上，转基因食品和乳品、酒类这样生活中常见的饮食物品具有一样的性质，并没有因为其转基因的属性就对其另眼相看，尤其是目前我国并没有针对转基因食品出台专门的法律法规，也就是说，转基因食品基本上就是服从《食品安全法》的管理。但是这也反映出了我国法律法规的一定脱节现象，事实上，目前我国对于转基因作物的上市是十分严格的，但是在上市之后的管理上，却将其和其他普通食物一视同仁，在不同环节上，监管力度具有如此巨大的差异，说明对于转基因食品的监管问题，在一些基本原则的把握上还存在差异，抑或是在实际操作中还没有办法针对转基因食品出台专门的相关法律，对于转基因食品的法律法规还是需要进一步完善补充。

除了对于转基因食物或者转基因作物的规章制度之外，针对转基因种子，我国也有相对应的法律法规，2021年12月，第十三届全国人大常委会第三十二次会议又对《种子法》做出了最新修改，于2022年3月1日起施行，同年的11月12日和12月6日，农业农村部先后组织制定了《主要农作物品种审定办法（修改稿）》和《国家级转基因大豆、玉米品种审定标准》并公开征求意见。《种子法》是种子行业的最高法律，相关修改对于行业发展至关重要。这次的修改主要涉及：建立实质性派生品种制度，加强原创保护；扩大品种保护范围，维护品种权人权益；加大惩罚力度，保护合法权益，肃清市场格局。

这次《种子法》的修改，再加上农业农村部针对转基因育种的相关政策，可以理解为是在为转基因商业化做铺垫，也被业内看成国内种业第三次系统性改革，在《种子法》第一章第七条中规定："转基因植物品种的选育、试验、审定和推广应当进行安全性评价，并采取严格的安全控制措施。具体办法由国务院规定。"虽然目前国务院还未能制定出具体办法,但是可以看出在法律层面,已经允许了转基因作物的推广,只不过是需要在监管下进行。相比较2016年1月《种子法》中关于转基因的条款,要求转基因品种要跟踪监管和信息公开,通过生产经营许可审批,品种审定、登记、标签、档案等的要求,建立可追溯制度,依法依规管理,其实2022年《种子法》已经降低了对于转基因种子的监管力度。

综合来看,我国转基因生物的管理制度其实主要有三个特征。第一,立法相对滞后。目前我国还没有一项专门用于进行转基因生物或者转基因食物管理的法律法规,还是以规章制度为主,另外管理的部门过多,职能相对分散,事实上,我国民众消费转基因食物已经有20年左右的历史,相对于这样的现实情况来说,我国的转基因生物管理立法进程确实滞后。第二,审批严格,态度谨慎。"大力研发、谨慎推广"一直都是我国政府对于转基因生物的态度,无论是从安全、生产、加工、标识等角度来看,我国对于转基因生物的商业化推广都是极其谨慎且严格的,大量的转基因技术还都只是停留在实验室阶段。第三,贸易保护意愿。上文中提到,我国对于转基因生物的进口除了要求输出国已经进行商业化推广之外,还需要符合我国

第二章
国内转基因玉米安全评价以及管理制度变化

的审批制度,这在《条例》颁布初期,可以起到一定的贸易保护作用,可以合理利用审批制度形成"非关税壁垒",阻挡国际市场上的农产品进入我国,保护我国农业产业免受外部冲击,但这是建立在国内的农业产业能够满足国内需求的大前提之下的。在2000年我国粮食进口量为1356万吨,出口量为1400万吨,还是粮食的净出口国,大豆的对外依存度还仅为39.85%,但是到2021年,出口量仅为331万吨,进口量高达16454万吨,占据当年国内粮食总产量的26%,大豆的对外依存度达到85%左右,进口9652万吨,玉米进口2835万吨。因此,在这样的情况下,如果依然依据《条例》来建设"非关税壁垒",阻挡国际上的玉米、大豆进入我国,那么国内的缺口就无法获得补充,所以这就导致了《条例》颁布初期的贸易保护作用名存实亡,进而形成了上文中说到的内严外松的格局,这也从另外一个角度反映出了我国对于转基因生物管理立法的滞后性。

第三章

全球主要转基因玉米主产国产业化应用情况分析

一、国际对转基因的态度

国际对转基因的态度从最初的强烈抵制逐渐开始有所好转，除了主要转基因作物生产国，一些粮食进口大国也逐渐放开对转基因的进口限制，采用贴标签的方式对转基因食品进行区分，以达到有效监管的作用，这些手段都对转基因的全球化起到了积极作用。此外，随着转基因作物的大量种植，对转基因产品的进口不断增加，各国对转基因的态度也呈现出好转态势，从最初的陌生和恐惧逐渐转变为熟悉和接受。为了解国际转基因事件的发展以及舆论报道态度的变化，我们可分别构建事件敏感度指数和舆论语气指数来分析。从全球转基因事件发展来看，国际舆情数据显示，2012—2022年，全球转基因发生事件中正面事件发生的数量要高于负面事件发生的数量，事件敏感度指

第三章 全球主要转基因玉米主产国产业化应用情况分析

数均为正值,说明全球转基因事件正朝着好的方向发展。从媒体报道的语气看,2012—2022年,媒体对转基因发生事件的负面语气要高于正面语气,但舆论语气指数显示,尽管指数为负,但指数的整体趋势保持正增长,说明全球媒体的报道正在向着积极方向发展(见图3-1和图3-2)。

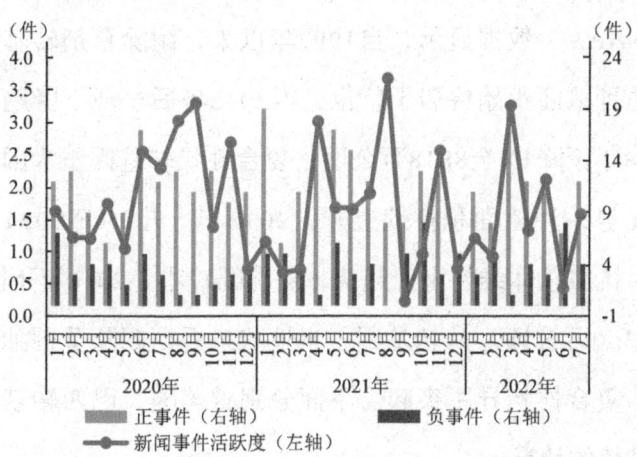

图3-1 2020年至今国际转基因事件数量及评价

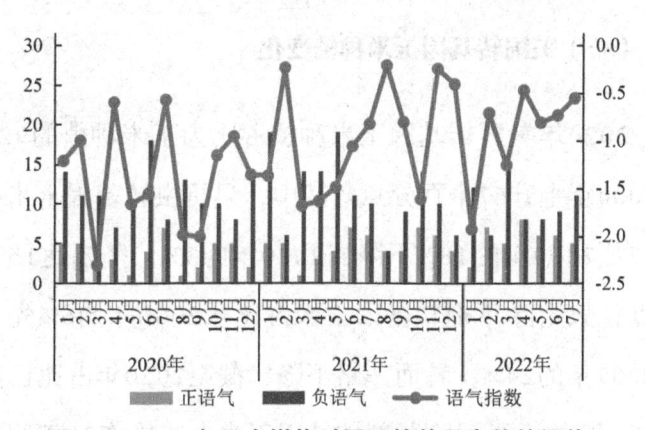

图3-2 2022年至今媒体对国际转基因事件的评价

二、美国、巴西转基因玉米种植变化分析

全球商业化种植转基因玉米的性状主要包括耐除草剂、抗虫和复合性状。国际农业生物技术应用服务组织（ISAAA）数据显示，自1997年以来，耐除草剂转基因玉米的种植面积始终居于首位，但2013年后呈现下降趋势，2018年下降1%至8818万公顷；复合性状转基因玉米因为成本优势，种植面积持续上升，2018年上升3%至8051万公顷；抗虫总体维持上升趋势，但涨幅较小，2018年下降1%至2300万公顷。从转基因玉米性状来看，耐除草剂独占鳌头，复合性状异军突起。下面分别看美国、巴西转基因玉米种植的情况。

（一）美国转基因玉米种植变化

2020年美国转基因玉米种植占比为玉米种植的92%，较2000年上升67个百分点。其中，只抗虫转基因玉米占比分别从2000年的18%下降到2020年的3%，降幅达15个百分点；只耐除草剂转基因玉米占比从2000年的6%先上升到2007年的24%，转而一路下降，截至2020年占比已降至10%；既抗虫又耐除草剂转基因玉米占比则在20年间成倍

第三章
全球主要转基因玉米主产国产业化应用情况分析

上涨,从2000年的1%上升到2020年的79%。由此可见,具有多重特性的转基因玉米展现出良好的市场表现,受到广大农户欢迎,而单一特性的转基因玉米逐渐被多重特性转基因玉米替代(见图3-3)。

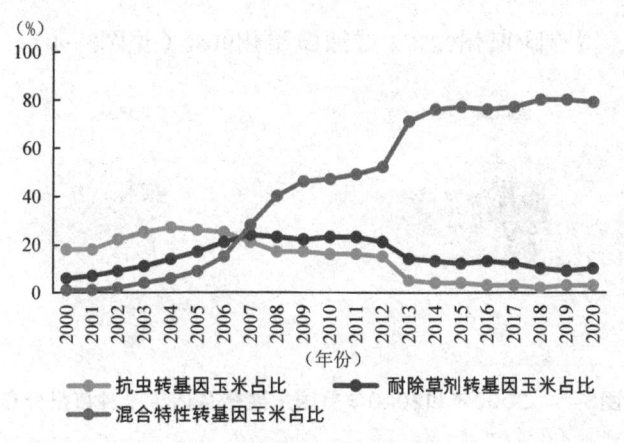

图3-3 2000—2020年美国不同特征转基因玉米占比变化

分地域看,美国主要玉米种植州包括,伊利诺伊州、印第安纳州、艾奥瓦州、堪萨斯州、密歇根州、明尼苏达州、密苏里州、内布拉斯加州、北达科他州、俄亥俄州、南达科他州、得克萨斯州、威斯康星州。2000年转基因玉米在这些主要种植州中的占比依次为伊利诺伊州(17%)、印第安纳州(11%)、艾奥瓦州(30%)、堪萨斯州(33%)、密歇根州(12%)、明尼苏达州(37%)、密苏里州(28%)、内布拉斯加州(34%)、俄亥俄州(9%)、南达科他州(48%)、威斯康星州(18%)。到了2020年转基因玉米的种植占比均在90%左右，伊利诺伊州94%、印第安纳州86%、艾奥瓦州90%、堪萨斯州96%、密歇根州89%、明尼苏达州92%、密苏里州93%、内布拉斯加州94%、北达科他州91%、俄亥俄州87%、南达科他州95%、得克萨斯州92%、威斯康星州90%（见图3-4）。

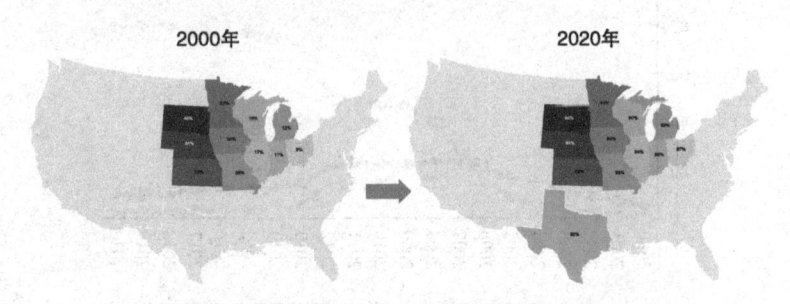

图3-4　2000年和2020年美国主要转基因玉米种植州分布

（二）巴西转基因玉米种植变化

2016年巴西转基因玉米种植面积为1538万公顷，占到巴西所有转基因作物种植面积的30%（见图3-5）。近年来，巴西转基因玉米应用率保持在90%以上。

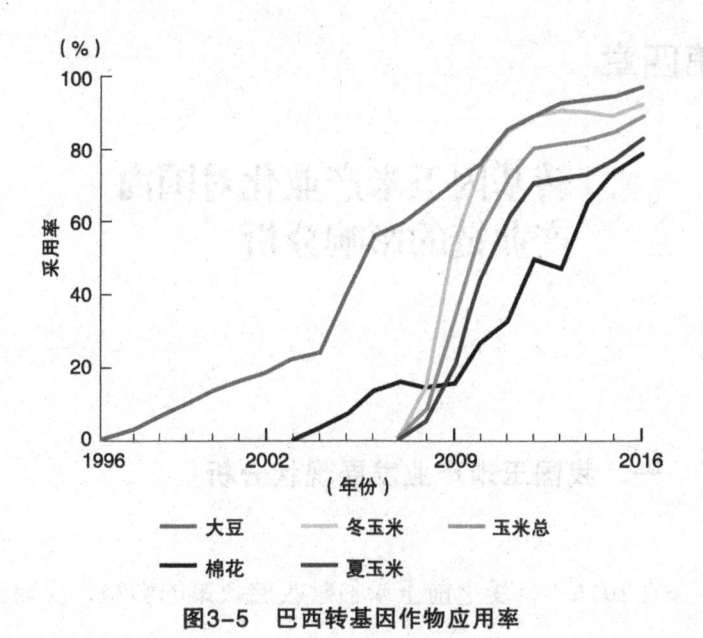

第三章
全球主要转基因玉米主产国产业化应用情况分析

图3-5 巴西转基因作物应用率
（图例：大豆、冬玉米、玉米总、棉花、夏玉米）

第四章

转基因玉米产业化对国内产业链的影响分析

一、我国玉米产业发展现状分析

在2015年，受之前玉米临时收储政策的影响，我国玉米市场"政策市"特征明显，玉米价格因为有政府负责托底，农户不会受到市场波动的影响，只需要追求产量。玉米因为其高产的特征，成了当时主粮作物中亩均收益最高的品种，其播种面积迅速提高，到了2015年，我国玉米播种面积已经达到了44968千公顷，产量达到了2.65亿吨，两者均达到历史最高值。但是玉米播种面积的不断扩张也带来了一系列问题，最明显的问题就是国家的财政压力以及玉米产业链竞争力降低，我国的玉米产业成了由国家财政扶持兜底的，在温室中成长出来的花朵，虽然能够满足国内粮食安全的需求，但是却无法抵御来自国际粮食市场的冲击，并且耗资巨大。

第四章
转基因玉米产业化对国内产业链的影响分析

为了解决这一问题,国家将玉米临时收储政策取消,效果立竿见影,2016年,部分东北地区的玉米价格从1.2元/斤,直接下降到0.8元/斤,价格的大幅下跌也使得2016年之后我国玉米的播种面积不断下滑,直到2019年才止住明显的下滑趋势,到2020年玉米播种面积已经下降至41264千公顷。连续多年玉米播种面积的下滑也使得总产有一定的萎缩,但是由于科技发展的助力,玉米单产水平有了一定的提升,因此,总产的下滑态势在2018年就得以停止,不过也已经降低到了2.57亿吨的水平。总产水平的下滑,导致我国玉米库存快速清空,又受到新冠疫情、俄乌冲突的影响,玉米价格近年来持续走高,因此2021年玉米播种面积回升到43324千公顷。在单产提升的加持下,总产更是达到了2.73亿吨,成了历史最高值(见图4-1)。

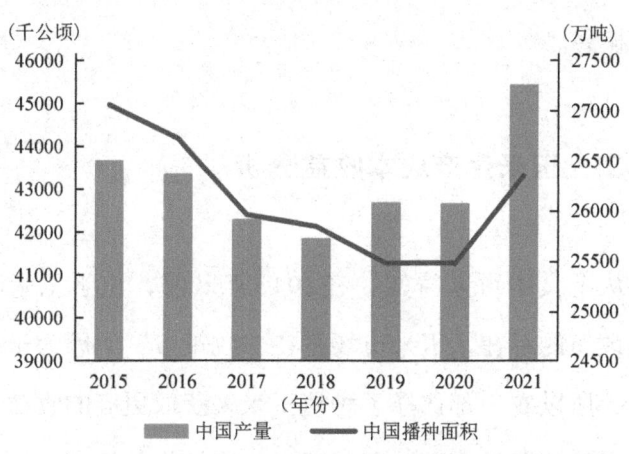

图4-1 2015—2021年全国玉米生产情况

根据对2015—2021年我国玉米产业的分析，可以看出，在播种面积上，我国玉米依然有一定的回升空间，但是在整体土地资源的限制下，尤其是在东北地区执行大豆振兴计划的背景下，玉米存在和大豆争地的问题，所以玉米播种面积的回升空间并不大，但是在单产的加成下，玉米的总产量还是有较大的提升空间。目前，我国玉米的单产平均水平只有420千克/亩，但是美国玉米的单产平均水平已经突破了700千克/亩，其中大部分都来自转基因品种的使用和规模化生产，随着我国玉米转基因试点的逐步推开，可预见的是，我国玉米的单产水平还将会有一个明显提升。目前，我国玉米已经具备了足够的自给能力，在玉米单产进一步提高之后，甚至还可以考虑压缩玉米的播种面积，为大豆产业让地，尽可能保障大豆产业的尽快振兴。

二、玉米生产成本收益分析

从上文中可以得知，在2015年以前，由于玉米临时收储政策的存在，玉米市场存在"政策市"，因为玉米产量高，所以农户都选择了种植玉米来获取更高的收益，但是在当时的背景之下，即使玉米的比较收益较高，也只是

第四章
转基因玉米产业化对国内产业链的影响分析

局限于粮食作物之中,相比较种植经济作物或者是外出务工而言,农户种植玉米的收益依然十分低下。在2015年政策改革之后,连续多年,玉米种植收益甚至出现了负值,农户种粮成了亏本的买卖。由表4-1可以看出,在2012年之后,我国玉米的生产总成本其实已经保持了一个相对稳定的局面,到2021年玉米每亩的生产总成本才突破1100元。在产值方面,2015年之后,玉米的产值出现了大幅度的下滑,尤其是在2016年,玉米每亩地的产值仅有765.89元,当年的种植净利润每亩地仅有-299.70元,种植一亩地农户要亏本300元左右。之后到了2020年,受到玉米价格回升的影响,玉米每亩地的产值才开始逐渐上涨,最终在2020年也实现了玉米种植净收益的转正,达到了每亩地107.80元,但是不可否认这依然是一个很低的收益水平。

玉米之所以会存在如此低的收益水平,很大程度是因为玉米价格偏低,而玉米价格偏低的部分原因就是国际玉米价格偏低,"天花板效应"的存在使得国内的玉米价格不具备足够的上涨空间,国外由于大规模种植、转基因种子等因素,在生产成本上相较于国内具有很大的优势,所以为了让国内的玉米产业提高国际竞争力,也为了让种粮农户获取更大的收益,推行转基因玉米是存在一定的必要性的。

表4-1 2011—2021年玉米生产成本收益情况

年份	玉米每亩产值（元）	玉米每亩总成本（元）	玉米每亩净利润（元）
2011	1027.32	764.23	263.09
2012	1121.90	924.22	197.68
2013	1089.56	1012.04	77.52
2014	1145.71	1063.89	81.82
2015	949.54	1083.72	−134.18
2016	765.89	1065.59	−299.70
2017	850.70	1026.50	−175.80
2018	881.50	1044.80	−163.30
2019	928.90	1055.70	−126.80
2020	1187.80	1080.00	107.80
2021	1310.90	1148.80	162.10

三、玉米贸易情况分析

在2020年之前，我国玉米还处在清库存的阶段，之前由于"政策市"的原因，市场上的玉米供大于求，很多玉米都是进入国家粮库而没有进入市场被消费掉，给国家财政造成了巨大的压力。2016年预计当时国内玉米库存数量可能达到了2.6亿吨，因此国家开始了清库存的计划，到了2020年，库存基本清零。但是这似乎又从一个极端走到了另外一个极端，存储量清零之后，我国玉米的进口数量从原先每年的几百万吨，直接上涨到了两三千万吨的水平（见表4-2），并且预计在未来一阶段内，我国玉米还将保持这样的进口数量。如此巨大的进口数量无疑对我国的粮食安全问题造成了一定的影响，虽然在"藏粮于地、藏粮于技、藏粮于民"的战略下，玉米如此大的进口量其实是可以被允许的，但是必须要求玉米产业在必要时候，能够随时补上这两三千万吨的缺口。转基因技术的推广，无疑是符合藏粮于地的战略构想的，尤其是目前我国还在试点玉米大豆带状复合种植，由于还存在施药不兼容、大豆品种不够优良等问题，这一种植模式还不具备完全成熟以至于可以推广的条件，转基因的应用可以在一定程度上解决这几个难题，这无疑也是符合藏粮于地的战略的。所以，从整体来看，转基因技术，其实并非一定要应用到市场当中，将其作为技术储备，用来面对国际突发状况，临时补充国内粮食缺口也有很重要的现实意义。

表4-2 2015—2022年玉米进出口情况

年份	进口量（万吨）	出口量（万吨）	进口金额（万美元）	出口金额（万美元）
2015	473.10	1.11	110851.80	485.40
2016	317.00	0.41	63855.70	274.50
2017	283.00	8.52	60337.40	2192.70
2018	352.00	1.22	78883.80	583.70

续表

年份	进口量（万吨）	出口量（万吨）	进口金额（万美元）	出口金额（万美元）
2019	479.00	2.00	106318.50	964.20
2020	1130.00	8.00	249173.60	427.50
2021	2835.00	0.42	800500.00	720.10
2022	2062.00	0.11	710060.00	382.10

四、我国玉米产业面临的困境及产业化影响评估

生产角度主要表现为：成本增高、收益降低、农药过量。近年来，我国玉米生产端正面临着生产成本增高、净收益下降、农药施用过量等问题，给农户的生产带来负面影响，同时也严重破坏了生态环境。一是生产成本不断上升，如图4-2所示，2010—2020年我国玉米生产的总成本快速增长并保持了高位波动态势，2010—2015年总成本增长迅速，平均增速达到9.4%，2016—2020年保持在每亩平均1055元的高位。二是净收益总体下降，2015—2020年，仅2020年农户种植收益为108元外，其余5年全部亏损，平均亏损达到180元。三是化肥农药施用过量，2020年全国玉米每亩平均施用量达到24.97千克的历史最高水平，比2010年增长10.9%（见图4-3）。

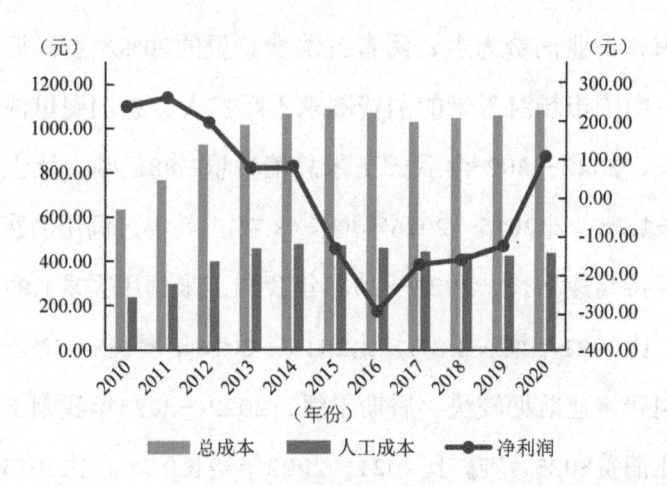

图4-2 2010—2020年中国玉米种植每亩总成本、人工成本及净利润

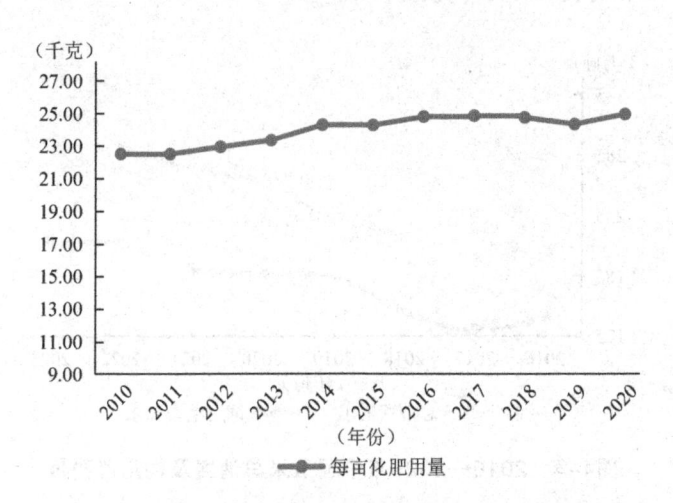

图4-3 2010—2020年玉米生产每亩化肥用量变化

消费角度主要表现为：需求不断扩大。玉米产业链条相对较长，消费用途更为广泛。玉米消费主要包括食用消费、饲用消费、工业消费、种用消费和损耗，其中主要以

饲用和工业消费为主，两者占消费总量的90%左右。近年来，中国市场对玉米的消费需求不断扩大，总消费量快速增长，2022—2023年我国玉米总消费量2.88亿吨，比上年增长1.7%，比2015—2016年增长48.7%。其中，饲用消费同样保持高速增长，2022—2023年我国玉米饲用需求1.87亿吨，比2021年增长2.8%，比2015—2016年增长54.2%。工业消费增速前期较快，后期平缓，2022—2023年我国玉米工业消费8025万吨，比2021—2022年增长0.3%，比2015—2016年增长48.9%（见图4-4）。

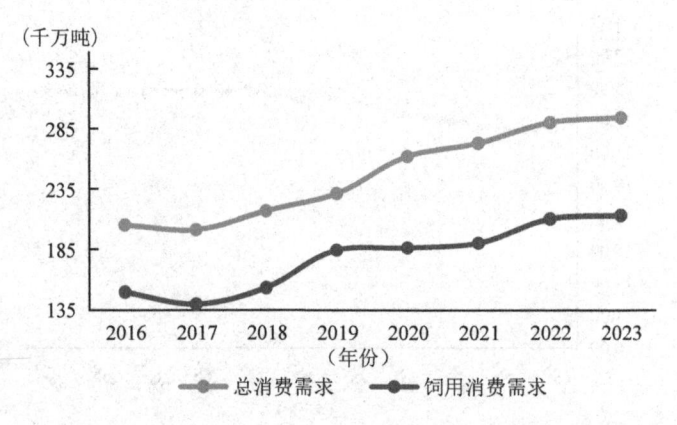

图4-4 2016—2023年中国玉米总消费及饲用消费量

贸易角度主要表现为：进口增加、对美国依赖加剧、可替代性降低。一方面，中国进口玉米的数量呈几何式增长，未来可能影响我国玉米市场的稳定性。贸易数据显示，2010—2021年，全球主要粮食进口国均保持相对稳定的进口量,中国的玉米进口量在2019年之前均保持在300万—400万吨的水平,但自2020年开始玉米进口量便陡然上升,2020年中国玉米进口量为1129.66万吨,高于我国规定的720万吨1%关税的玉米进口配额,同时超过墨西哥和韩国,排在全球进口量第二位。2021年我国玉米进口量为2835.39万吨,远远超过日本,是日本进口量的0.83倍,跃居全球玉米进口第一大国(见图4-5)。

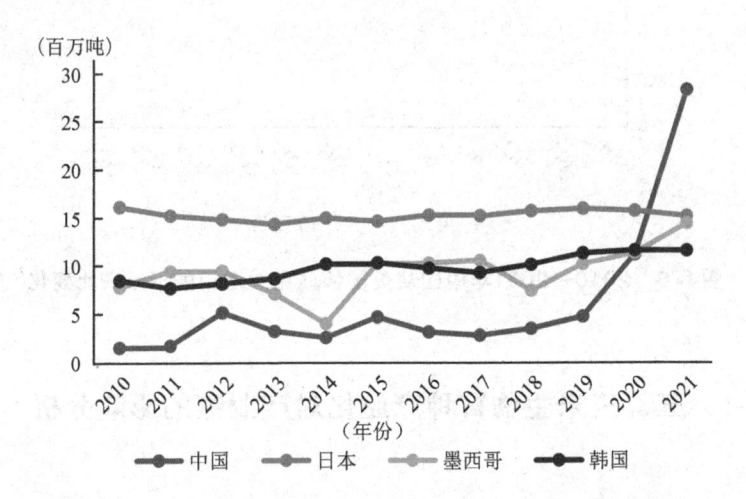

图4-5 2010—2021年全球主要玉米进口国玉米进口数量变化

另一方面,中国对美国玉米的依赖进一步加深,国际玉米市场的可替代性逐步减弱。中国进口来源国主要为美国和乌克兰,累计占总进口量的90%以上,可替代性弱。随着乌克兰危机不断加剧,我国能够从乌克兰进口的玉米持续下降。相反,从美国进口的玉米占比正不断上升。

2021年，我国从美国进口玉米1982.81万吨，占进口总量的69.9%，比上年提高14.2个百分点。与之相反，我国从乌克兰的进口量为823.45万吨，占比为29%，比2020年下降9.4个百分点（见图4-6）。

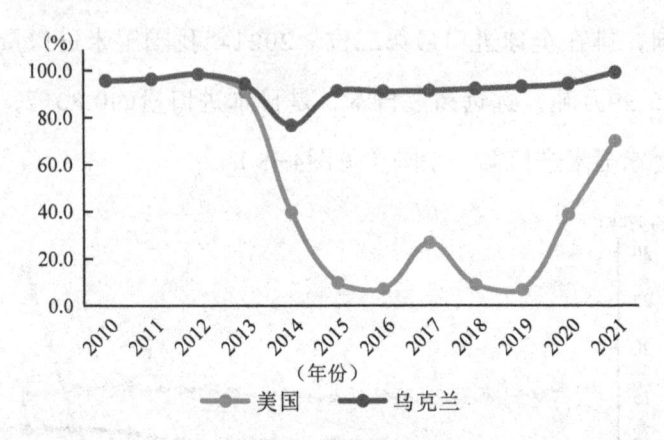

图4-6　2010—2021年中国从美国和乌克兰进口的玉米占比变化

五、玉米生物育种产业化对产业链的影响分析

2014年，我国对于转基因技术产业化的发展，提出了"三步走"战略，即从"非食用"（如转基因抗虫棉花）到"间接食用"（如转基因玉米和大豆），再到"直接食用"（如转基因水稻和小麦）逐渐产业化的发展目标。目前，我国已经逐步进入了第二阶段，第一阶段的抗虫棉已经取得了一定的成就，在转基因玉米的研发上，2019年以

第四章
转基因玉米产业化对国内产业链的影响分析

来，农业农村部为多个转基因玉米颁发了安全生产证书，为间接食用的转基因作物产业化做准备，包括北京大北农生物技术有限公司的抗虫耐除草剂玉米DBN9936、杭州瑞丰生物科技有限公司和浙江大学的抗虫耐除草剂玉米瑞丰125。2020年，农业农村部为转基因玉米颁发了1项安全生产证书，即北京大北农生物技术有限公司的耐除草剂玉米DBN9858。2022年，杭州瑞丰的耐除草剂转基因玉米品种nCX-1获得了安全生产证书。2021年以来，为解决草地贪夜蛾虫害和草害等重大问题，农业农村部组织开展了转基因玉米在部分地区产业化试点工作，参加试点的抗虫耐除草剂玉米已获得了生产应用安全证书。不过就目前来看，转基因玉米还未能进入产业化的阶段，考虑到转基因玉米大规模商业化还需要考虑诸多因素以及不确定性风险，因此提前对其产业化之后的影响进行研判是有必要的。本书将从产业链的视角出发，分析研究转基因玉米产业化之后，对于产业链上各个群体的影响机制，为日后转基因玉米的推广提供参考。产业链是产业经济学中的一个概念，即产供销，从原料到消费者手中的整个产业链条，是各个部门之间基于一定的技术经济关联，并依据特定的逻辑关系和时空布局关系客观形成的链条式关联关系形态。因为各个主体之前存在利益关联，牵一发而动全身，所以要从产业链的角度分析,就需要对各个主体进行分析,进而达到综合考虑的目的。本书接下来将对转基因玉米的产业化对生产资料提供者、种子企业、农户、加工企业、消费者、政府以及贸易企业造成的影响进行单独分析,以期能够形成综合研判的结果。

1. 对生产资料提供者可能带来的影响

此处的生产资料提供者主要包括化肥、农药等生产资料的生产商,转基因玉米与传统玉米相比,会具备更强的抗逆性、抗虫性和抗病性,因此对于化肥、农药等生产资料的需求会变低,或者对于化肥、农药等生产资料的需求种类会发生转变。结合国际经验来看,转基因玉米一旦放开,种植面积会快速上涨,传统的化肥、农药厂商因为需求量变低势必会受到一定的冲击,因此在转基因玉米开始推广之前,就需要提前告知这类厂商进行准备,防止造成行业动荡。

2. 对种子企业可能带来的影响

目前,我国种子企业已经具备了一定的转基因玉米的技术积累,但是因为政策限制,所以导致转基因玉米依然无法进行商业化生产。如果进行产业化,种子企业势必会增加对转基因玉米新品种的研发力度,另外还要尽可能地让新研发的品种通过生产许可,其中就有可能会导致寻租

第四章
转基因玉米产业化对国内产业链的影响分析

腐败等现象，因此还需要严格的监管措施。另外，在放开之后，我国的种子企业相比于国外还是有很大的差距，所以即使在国内放开转基因玉米的生产，也不能允许外资企业的种子进入国内市场，甚至不能允许外资以投资等方式控股本土的种子企业，即使是进行联合研发，也需要保证我国本土企业在研发过程中的绝对主导地位，要牢牢把握住中国种子的这一原则和底线。

3. 对生产者可能带来的影响

此处的生产者不光指一般玉米种植户，也包括其他经营形式的玉米种植户。由于我国对于耕地用途有着严格的限制，如严格的十八亿亩红线就只能用于生产粮食，但是农户可以选择种哪种粮食。转基因玉米相比较传统玉米来讲，一是增加了生产投入品的可替代性。农户能够选择继续使用传统的除草方法，或者使用耐除草剂转基因技术，使得在除草剂选用上使用一种广谱除草剂，在除草管理、除草劳动以及除草成本投入上均发生变化。二是提高对农业环境的保护。转基因玉米能够增加保护性耕种并且减少土地耕作。如果耕种前没有翻地，则需要在播种前、中、后期进行除草，使用化学除草是最有效率的办法，并且转基因玉米也是最适应这种耕种方式的作物。同时，保护性耕种及免耕会对土地、水体保护有正向作用，使得有机物及矿物质保留在土壤中增加土地肥力,水土流失和水体污染也将减少。因此,在推广过程中,势必会不断压缩传统玉米的种植面积。除此之外,受比较收益的影响,小麦、大豆等作物也会逐渐被转基因玉米所替代,这可能就会导致之前玉米临时收储政策执行期间的情况再次发生,即玉米播种面积不断上涨,甚至超过国内总需求量,造成库存积压。因此,在进行转基因玉米推广时,需要提前预判国内的需求和供给,避免产业结构失衡。另外,对于转基因玉米种植的监管也是需要考虑的问题,转基因玉米因为未知风险的存在,可能需要生产者采取一定的安全管理措施,主要是隔离和防护,但是这些措施都需要增加投入,如果缺乏有效监管,生产者就会倾向于逃避这些措施,使转基因玉米的安全风险加大。

4. 对加工企业可能带来的影响

加工企业其实相对来说是受转基因玉米本身影响较小的角色,因为就目前的消费状况来说,我国很多家加工企业都已经使用过进口的转基因玉米来生产加工。从这一角度来讲,加工企业只是提高了转基因玉米的使用比例,而加工技术和设备是不需要更新换代的,换言之,不需要负担更多的成本,但是由于我国标识管理制度的存在以及消费者对于转基因食物的偏见,企业更多需要考虑的是如何提高转基因玉米加工品在市场上的接受程度，因此企业可能需要负担的是宣传科普费用。

5. 对消费者可能带来的影响

消费者对于玉米的消费，主要是考虑价格和安全性两个方面。目前来说，我国玉米的市场价格并不会对消费者造成太大影响，尤其是转基因玉米推广之后，相对增加了消费者的选择，同时随着产量的增加，玉米价格还可能会进一步下降，也进一步增加了消费者福利。因此对消费者来说，主要需要考虑的就是安全性。事实上，转基因玉米如果经过严格的科学评估和政府批准，那么就已经被认定是安全的。从另外一个角度来讲，没有任何一种食品是绝对安全的，因此转基因的潜在风险其实是在可接受范围之内的，只需要让消费者了解基本的生物技术和转基因食品的知识，对转基因食品有明显的标识，帮助消费者依据个人的好恶而进行选择就可以。随着宣传力度的增加，选择消费转基因玉米的消费者比例可能会越来越高，宣传费用可能需要政府和企业一同承担。

6. 对政府可能带来的影响

就我国政府来说，对转基因的态度可以说稳定是第一要义，从粮食安全的角度，为了保障国内粮食供给，维护粮食市场平稳，那么放开转基因是势在必行的，同时还需要对生态保护等方面负责，所以进行严格的监管也是必需的。因此，政府一方面要大力推进转基因玉米发展以达到经济发展和增强产业竞争力等国家战略性目标，另一方面又要对转基因玉米进行适当的管理和监督以保护消费者利益和生态环境，同时还需要协调科研部门、研发企业、消费者等多方的利益关系。从未来的发展要求来看，政府对于转基因玉米要保持积极开放的态度，在确保监管得当的前提下，进一步加快推动转基因玉米研发推广，实现"戴着镣铐跳舞"。

7. 对贸易企业可能带来的影响

转基因玉米放开之后，可能会降低进口价格，减少进口依存度，我国的玉米贸易企业可能需要经历一个角色的转换。我国2021年玉米总产量在2.7亿吨，进口量约为国内产量的10%，如推广转基因玉米种植带来的单产提升可能产量增加远不止10%，所以可能会出现国内产能过剩的局面。结合之前的历史经验，我国进行大规模的存储是不可行的，因为财政压力太大，所以放开转基因玉米的商业化推广之后，可能需要做的是在前期进行贸易保护，避免受到其他国家的冲击，同时进行积极布局，在国内产能过剩的情况下，能够建设起来足够出口国内剩余的国际出口格局。

8. 对其他部门可能带来的影响

转基因玉米的推广对于其他部门也会有一定的影响，这是因为其他部门都有其自身的价值取向，也就拥有了自身的利益追求和激励机制，比如传统的种子企业就不会愿意看到转基因玉米的管制放开。一般来说，在转基因食品安全管理问题上扮演利益相关者角色的其他部门主要是消费者组织和环保性非政府组织，他们出于不同的利益追求，对于转基因的态度也不一致，并且有时候会采取过激行为来表达自身的态度。

9. 对整体影响的分析

通过建立我国玉米局部均衡模型，分析转基因玉米产业化后对我国玉米生产、消费以及贸易的影响程度。重点模拟种植转基因玉米带来的技术进步、扩大种植面积、增加玉米进口关税三种情景下的玉米生产、消费和贸易变化情况，主要结论如下。

第一，转基因技术进步可能产生的影响：一是增加国内玉米供给并促进玉米消费；二是进口适度，避免大起大落的波动；三是降低国内玉米市场价格；四是降低并达成进口价格与国内生产者价格趋同（见图4-7）。

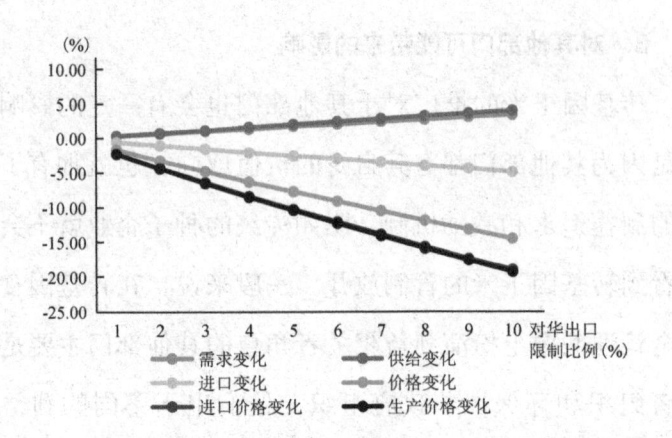

图4-7 转基因技术进步对我国玉米贸易、生产和消费的影响情况

第二，关税变化可能产生的影响：一是关税变化对国内玉米供给量和需求量的影响不明显；二是关税增加对进口的抑制表现十分明显；三是关税增加将不断抬高国内玉米市场的价格；四是关税变化对进口价格与国内生产者价格影响不明显（见图4-8）。

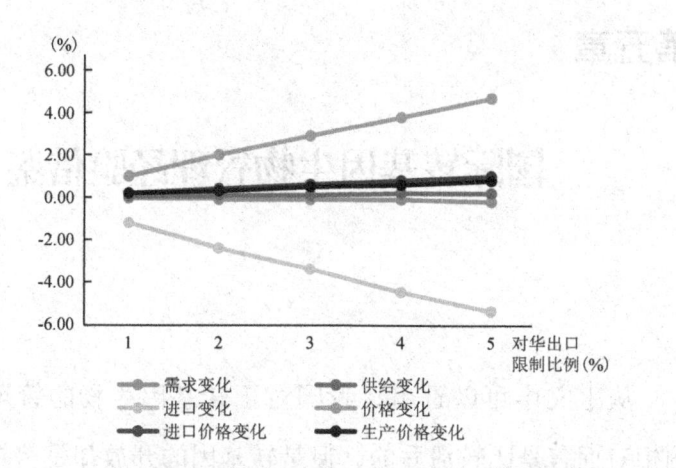

第四章
转基因玉米产业化对国内产业链的影响分析

图4-8 关税变化对我国玉米贸易、生产和消费的影响情况

第三，在极端限制情况下玉米进口受影响最大。综合分析美限制出口所产生的粮食进口量缺口、各类粮食的国际市场可替代性、各粮食出口方对华态度等因素发现，美对我国供应减半情况下，我国三大主粮进口量下降幅度依次为玉米（38.1%）、小麦（15.3%）、水稻（0%）。其中，玉米进口数量大且超过一半的进口来自美国，因而受影响程度最大，而水稻由于进口量极小，且主要从巴基斯坦、缅甸等国家进口，受美制裁影响程度几乎为零。

第五章

国际转基因生物管理经验借鉴

从上文中可以看出，我国对于转基因生物的管理条例相对而言是比较滞后的，但是转基因的开放却是势在必行。开放之前，构建出适合我国国情的转基因管理规章制度是保障转基因生物安全高效推广的基础所在，因此，研究国际上已经进行转基因生物推广的国家的经验，可以从中吸取到很多有利的经验，方便我国管理制度的设计和实施。本书将对美国、日本、巴西以及欧盟这几个国家和地区的转基因管理模式进行描述分析，并从中总结出适合我国国情的经验。

一、美国转基因生物管理模式

从对待转基因生物研发和推广的态度上来看，美国在诸多已经大面积种植转基因作物的国家中，也属于更为开放的国家。美国政府认为，转基因生物和非转基因生物没有本质上的区别，基于"可靠科学原则"采用了积极的推广态度。社会民众对于转基因商品的看法虽然褒贬不一，但是并不影响美国市场上转基因食品的推广速度，尤其是转基因玉米等作物的种植面积已经达到了95%以上，即使存在一部分民众对于转基因作物有一定的看法，但是在市面上并不能购买到足够的非转基因产品。在这样的一种积极支持的态度之下，美国政府对于转基因生物或者食品只是要求其达到与传统作物或食品一致的安全标准即可，只是对于一些在安全性方面有本质差别或者还缺乏充分认识的，就对该转基因生物及其产品（如质量性状、多基因和复合性状的转基因作物，医药和工业用转基因植物）进行全面、严格的安全性评价和管理。

从管理部门上来看，美国的转基因食品主要由美国食品与药物管理局（FDA）、美国农业部（USDA）和美国环保局（EPA）负责检测、评价和监督。其中FDA的食物安全与应用营养中心是管理绝大多数食物的法定权力机构，主要负责食品添加剂、药物等遗传工程产品的安全性和有效性，法律依据是《公共卫生服务法》和《联邦食品、药物和化妆品法》；USDA的食品安全和检测部门则负责肉、禽和蛋类产品对消费者的安全与健康影响的管理，具体执行机构是动植物检疫局（APHIS），其主要法律依据是《植物检疫法》《联邦植物有害生物法》以及《病毒—血清—毒素法》等；EPA负责管理食品作物杀虫剂的使用和安全，下设农药办公室和毒物办公室，主要法律依据是《联邦杀虫剂、杀真菌剂、杀啮齿类动物药物法》和《毒物控制法》。联邦环境保护署各部门的管理范围由转基因产品的最终用途而定，一个产品可能涉及多个部门的管理。

  美国对生物安全和转基因食品管理方面的法律、法规相对健全，而且各部门相对独立、分工明确、运作效率高。由于美国对转基因食品的管理采取相对宽松的政策，美国的转基因作物和转基因食品发展非常快，在世界上处于垄断地位，在一定程度上保障了美国农业强国的地位。但在转基因食品管理、法律方面，美国也存在不足，因为国内大面积的转基因作物种植，因此美国国内对转基因食品不进行标识，这是不尊重消费者知情选择权的一种表现，也违背了美国广大人民的意愿，与WHO和FAO要求对转基因食品实行标识制度的规定相背离。

二、欧盟转基因生物管理模式

  相对于美国来说，欧盟对于转基因作物的推广则显得

第五章
国际转基因生物管理经验借鉴

慎重许多，在转基因生物的管理立法上，欧盟也是走在前列的组织之一，是生物安全国际法的主要推动组织，1984年，欧盟就建立了旨在协调共同体内生物技术政策的生物技术指导委员会，欧盟认为"当一项行为可能对人的健康或环境造成威胁时，即使其因果关系尚未得到科学证明，也应当采取预防措施"，基于这种"预防原则"，欧盟的转基因食品政策十分严格和谨慎，对转基因食品评估有着严格的法律规定，这主要基于两点考虑：第一是转基因技术的应用可能引起的风险，第二是最终产物的安全性。1997年5月，欧盟通过《欧盟议会委员会新食品和食品成分管理条例第258/97号令》，该管理法规主要规定了新食品的定义、新食品和食品成分上市前的安全性评估机制和对转基因食品及食品成分的标签要求。欧盟认为含有转基因食品和食品成分不应给消费者带来危险，不能误导消费者，不能明显不同于现有的食物以至于营养上不利于消费者。凡食品中含有转基因成分，必须通过由欧盟委员会食品常务委员会等组成的审议程序。为了保证消费者了解必要的信息，欧盟要求新食品必须贴上标签，对于转基因食品或食品成分则实行强制性标签。标签上必须标明该食物的组成、营养价值和食用方法。

在管理体制方面，欧盟将生物安全法规分为两类，一类是水平系列法规，其中涉及转基因微生物在封闭设施内的使用、转基因生物的有意释放和接触生物试剂工作人员的职业安全等方面的内容；另一类是产品系列法规，主要针对转基因产品，其中涉及医药产品、动物饲料添加剂、植保产品、新食品和植物种子等方面的内容。欧盟负责生物安全水平系列法规管理的机构是环境、核安全和公民保护总司，而负责产品系列法规的管理机构为工业总司和农业总司。此外，转基因生物的运输由运输总司管理；科学、研究与发展总司、欧盟联合生物技术联合研究中心，以及环境系统、信息、安全联合研究中心，为研究开发、安全评价、检测等工作提供服务，消费者政策与消费者健康保护及植物科学委员会负责转基因生物用于人类、动物及植物的相关科技问题，以及可能影响人类、动物健康或环境的非食品产品，如杀虫剂，的生产过程。

由于欧盟对于转基因管理的态度比较严格，尤其是对于食品安全和标识问题十分重视，因此在一定程度上阻碍了转基因的发展，并且内部成员国对于转基因生物的看法还有一定分歧，在管理上很难做到有效规制，进一步降低了欧盟转基因推广的效率。

三、日本转基因生物管理模式

日本是针对转基因生物立法较早的国家，与美国和欧盟不同，它采取了一种相对折中的态度。日本国土面积狭小，且人口密集，对于这样一个耕地面积极少而人口又相对密集的国家而言，转基因生物带来的高产无疑是一个福音。但是日本作为一个粮食进口大国，转基因食品的安全性风险无疑又使得日本无法完全将其等同于非转基因食品，并且日本国民对转基因食品也存在质疑。基于这些因素，日本的转基因食品政策游荡在"可靠科学原则"和"预防原则"之间，并试图寻找一个适合其国情的平衡点。相对于美国和欧盟来说，日本的态度可能更加适合我国借鉴。

早在1979年8月，日本政府就颁布了《重组DNA生物实验指南》，随后多次修订。1991年5月，日本厚生劳动省制定了转基因食品和食品添加剂安全性审查准则，根据安全性准则来确认转基因食品的安全性，并于1996年1月31日进行部分修订，追加了直接食用转基因种子植物的安全性审查。1996年，日本首先对7种转基因食品进行了安全性审查，但自此后近两年，日本批准进口的转基因产品都没有加贴标签。1998年8月，日本农林渔业部宣布对含有转基因成分的食品加贴标签的初步计划。1999年11月，日本农林水产省公布对24种产品加贴标签的规范标准，并要求对转基因生物和非转基因生物原料实行"分别运输"，确保转基因品种混入率低于5%。1999年，日本政府又修改了沿用近40年之久的《农业基本法》，并更名为《食品·农业·农村基本法》，新法在继续推行市场自由化的基础上，新增了维护消费者利益的食品安全政策及维持农业可持续生产政策的内容。1999年7月，为与新法配套，日本政府修改了《关于农林物资的规格化以及确定质量标识的法律》。该法案规定从2001年开始，食品生产厂家应该对其产品是否使用了转基因原料做出明确的表述，以大豆和玉米为主要原料生产的食品中有24种被列为标识对象，并规定随着新的转基因作物品种登场而做相应的调整，每年进行一次基准标识的重新审定。2001年3月，日本政府发布了《转基因食品检验法》（2001年9月14日最后修订），规定转基因食品进口时，检疫所进行抽样监控检查，各都府道县也进行适当的监控检查，以确保转基因食品进口的安全性；2001年4月，日本农林水产省正式颁布实施《转基因食品标识法》，对已经通过安全性认证的大豆、玉米等5种转基因农产品以及以这些农产品为主要原料、加工后仍然残

第五章
国际转基因生物管理经验借鉴

留充足DNA或由其编码的蛋白质的食品,制定了具体的标识方法,对无须标识的加工食品以及不得出现在食品标签上的用语进行了规定,并要求每年都对制定农产品及其加工食品的种类进行修订。

日本的转基因食品安全管理机构主要由文部科学省、通产省、农林水产省和厚生劳动省4个部门组成。文部科学省负责审批实验室生物技术研究与开发阶段的工作,该省于1987年颁布了《重组DNA实验准则》,负责审批试验阶段的重组DNA研究;通产省负责推动生物技术在化学药品、化学产品和化肥生产方面的应用;农林水产省主要负责审批重组生物向环境中的释放;厚生劳动省又称健康与福利部,负责药品、食品和食品添加剂的审批,同时也负责转基因食品安全问题,1986年颁布了《重组DNA工作准则》,1992年4月该部门又制定了不直接用于消费的转基因产品的食品安全指导原则,1996年开始实施评估抗除草剂食品标准,厚生劳动省的安全管理机构设食品卫生课程,由审议会和食品卫生调查会审批并报厚生劳动省大臣确认转基因食品的安全性。四个主管部门分别制定了相关管理法规,规定安全性评价程序为开发者先行评价,然后政府组织专家再进行审查。

从日本的管理模式可以看出,日本对于转基因生物的法律是经历了多次修订的。这说明了日本政府对于转基因生物的态度是严谨且积极的，多次的修订逐渐完善了管理制度，并不是一次性放开或者是一直管制，而是经过多次探讨之后，修订出了符合当时社会背景的管理条例，不断修订说明了日本政府对于转基因生物的管理也是一直保持了学习的态度，并没有因为管理制度的滞后而对转基因生物的研发推广造成太大的阻碍。

四、巴西转基因生物管理模式

在20世纪90年代，也就是转基因作物开始上市推广的阶段，美国和阿根廷两个国家在1996年就批准了转基因大豆的上市。孟山都公司为了快速拓展市场，在推广初期允许阿根廷的农民免费使用该公司的转基因种子，以求培育市场，并且快速占领市场份额。自此，阿根廷的转基因作物开始进入快速发展阶段，传统作物的种植面积不断萎缩，转基因作物在阿根廷国内获得了绝对的主导地位，并且逐步向邻国扩散，其中就包括巴西。

事实上，虽然巴西目前是仅次于美国的全球第二大转基因作物种植国，但是在最开始的时候，巴西政府对于转基因品种并不支持，而是在最后被动地接受了转基因作物

第五章
国际转基因生物管理经验借鉴

的地位,并且开始针对性地制定相关的法律法规。由于阿根廷转基因作物的种植推广,使得转基因种子不断走私到巴西,在实地种植之后,巴西的农场主也发现了种植转基因作物的巨大经济效益,因此开始在背地里进行转基因作物的大面积种植,而且由于巴西土地资源丰富,人均耕地面积在6亩左右,土地兼并情况严重,农场主的农场面积动辄数千亩乃至数万亩,这样的大面积种植进一步扩大了转基因作物的经济效益(转基因作物亩产高)。所以在巨大的经济效益的驱使之下,即使巴西政府在初期不支持转基因作物的推广,但是在实际操作过程中却无法阻挡转基因作物的扩散。

1995年,巴西将转基因问题视为环境问题进行规范,开始针对性地出台相关的法律法规,颁布了《生物安全法》。该法规定了在利用基因工程制造、操纵、运输、商业化、消费、释放和处置环境中的转基因生物时应遵守的规则。这是巴西颁布的第一部旨在规范转基因生物及其产品的法律。该法允许行政当局设立国家生物技术安全委员会,该委员会负责制定有关在巴西安全使用这些技术的规范,并确定任何特定用途是否被视为安全;该法还规定几个联邦机构处理转基因这一问题的权限,但所有这些机构要遵守国家生物技术安全委员会的要求。此外,国家环境委员会第237号决议明确规定，在环境中引入转基因生物时，需要事先获得许可证，该许可证的取得是由环境影响研究和环境影响报告决定的。

虽然巴西出台的《生物安全法》对转基因作物进行了管理框架的设定，但国家生物技术安全委员会在执行过程中，并不能保障环境影响报告的科学性，而且其对环境影响报告有自主的裁量权，如果国家生物技术安全委员会认定这一份报告合格，那么就可以批准这一品种上市交易。权力集中在同一部门就必然会导致寻租行为，因此孟山都公司在1998年申请销售抗草甘膦除草剂大豆，虽然得到了国家生物技术安全委员会的批准，但是却引起了巴西消费者协会的质疑。而且由于农民已经在私下违规种植转基因大豆，大量的转基因大豆如果无法上市，也必然会引发严重的民生问题，因此当时的巴西总统多次颁布临时措施允许转基因大豆上市交易，这虽然能够解决临时性的问题，但是却打击了国家生物技术安全委员会本就不多的权威性，使得国家生物技术安全委员会的存在略显尴尬。而且从长期来看，当时的监管措施也确实无法解决农户种植转基因大豆的问题，是继续保持政策层面的严格监管，还是服从民意放开对转基因大豆的限制，是当时巴西政府需要思考的问题。

第五章
国际转基因生物管理经验借鉴

到了2005年，巴西对《生物安全法》进行了修订，并且在当年3月正式颁布。其最大的改动就是在体制上进行了权力分散，并且设定了由上而下的管理机制。在最高层面上，巴西成立了国家生物安全理事会，这一理事会直接隶属于巴西的总统办公室，总揽转基因作物的安全管理，并且制定和实施国家生物安全的相关政策和法律法规。国家生物技术安全委员会隶属于科技部，负责对转基因生物及其加工品和衍生物的生物安全性进行分析和技术层面的决策。注册和监督机构负责对转基因作物的商业化应用进行注册和监督。对于批准的转基因作物，国家生物安全理事会在进行社会效益、经济效益和环境效益等多方面评估之后，如果认为不妥，还可以撤销国家生物技术安全委员会的决定。

权力的分散和自上而下的管理制度降低了巴西转基因行业的寻租空间，并且巴西政府设立了专门负责转基因作物商业化的机构，为转基因作物在巴西国内的推广和上市提供了渠道。在2007年，巴西政府还进一步简化了审批程序。在2005年的规定中，转基因商业化的决定必须得到原先27人中超过三分之二的人同意才可，但是这导致了很多品种并不能得到批准，最终在2007年，巴西政府将其改变成了少数服从多数制。2008年，巴西国家生物安全理事会表示其只对涉及国家利益、社会和经济问题的行政上诉进行审理，而不在技术层面上对国家生物技术安全委员会的决策进行重新评定，因此国家生物技术安全委员会又获得了技术层面上一锤定音的权力，这使得巴西的转基因作物商业化审批程序又得到了一定的简化。

除了国家生物安全理事会和国家生物技术安全委员会两个重要机构之外，巴西还将不同转基因作物的登记和批准权力分散到了各个部门。其中，巴西的农业畜牧部就负责种植业和畜牧的转基因生物及产品的登记和批准，卫生部负责人类医学、卫生等方面的登记和批准，环境部则负责环境方面的登记和批准，总统办公室水产渔业特别秘书处负责渔业和水产的登记和批准。

分析巴西对于转基因作物监管制度的演变，可以发现巴西政府对于转基因作物态度的转变是被动地接受着外在的推动，而这个推动力的存在涉及经济、政治等多方面因素。

首先是经济因素，上文中提到，在巴西政府还没有放开对转基因作物的管制的情况下，巴西的农民就已经因为经济效益问题开始大面积地种植转基因大豆，这是一种在市场条件下形成的自发行为，并非以政府的强制管控能够禁止的，如果要强行管制，不仅耗费大量的政府资金，而

第五章 国际转基因生物管理经验借鉴

且还降低了农民的收入，属于双输的策略。另外，即使是不考虑农民因素，如果巴西不放开对转基因作物的管控，在美国和阿根廷一直推广转基因大豆的情况下，巴西的国际农产品贸易也会迅速丧失优势地位，影响到政府农产品出口带来的外汇收入。尤其是美国，美国在推广转基因大豆之前，还是大豆进口国，之后一跃成为大豆的主要出口国之一，从原先巴西的客户成为巴西的竞争对手。美国尚且如此，可想而知，原先就是大豆生产优势国的国家在推广转基因大豆之后会给巴西带来多么大的竞争压力，巴西作为全球的农业大国，自然也清楚科技在农业生产中的重要作用，如果放弃转基因技术带来的巨大生产力，那么巴西的农业就是自绝其路，有可能陷入万劫不复的地步。另外从国际贸易市场来看，作为巴西主要贸易伙伴的欧盟和中国，并没有限制本国进口转基因大豆，转基因大豆在国际市场上还是具有广阔的市场，因此巴西政府放开对转基因作物的管制，允许本国国民种植转基因大豆。

其次是政治因素，任何制度的出台，其实都是多方博弈的结果。巴西政府最开始不愿意支持转基因作物的原因就是巴西本身土地分配就极其不均衡，大的农场主数万亩土地，但是还有一些贫困人口土地拥有面积十分少，如果放开种植转基因大豆，那么又会进一步拉开贫富差距，导致进一步的土地兼并，巴西的贫困问题又将进一步加剧。但是转基因大豆的种植利润空间巨大，以孟山都为首的跨国农业公司以及巴西的农场主都十分支持转基因的推广，巴西政府出于农产品出口创汇的考虑也不得不思考放开的可能性，再加上在实际种植中，转基因大豆的种植面积已经形成气候，总统也已经签发了多次的临时法案允许这些转基因大豆上市。换言之，在资本的施压以及实际情况的限制下，巴西政府也已经处于一种骑虎难下的境地，只能考虑将转基因作物合法化。事实证明，在后续转基因作物推广的过程中，小农户无法负担转基因作物要求的机械和农药，也负担不起种子费用，传统作物的种植收益又无法赶上转基因作物，这导致小农户不得不放弃土地去往城市地区，成为失地农民，甚至成为巴西贫民窟的一员。同时，巴西政府因支持技术变革而出台的政策，比如"信贷补贴政策"主要流向了大型的农场主，加剧了土地所有权的集中。另外，由于转基因技术产业是资本密集型而非劳动密集型产业，所需的劳动力减少，加剧了被雇佣农民的失业率。因此，更多的小农成为失业农民和失地农民，加重了小农的贫困，使他们成为社会的不安定因素。

虽然转基因作物的引进导致了部分社会问题，但是巴

第五章
国际转基因生物管理经验借鉴

西政府后续针对转基因技术的一揽子计划又在一定程度上削弱了这些负面影响。在这些一揽子计划中，为首的就是"零饥饿计划"。上文中提到，巴西转基因技术的引进，虽然解决了经济问题和农业竞争力的问题，提高了全国整体的农业生产力，但是这只是宏观层面的进步，贫富差距的拉大使得巴西的贫困问题更加严重，当时巴西有将近30%的人不能获得足够的食物，但是巴西国内总体的粮食产量远远超过人均粮食应有的需求量，所以巴西政府开始实施"零饥饿计划"。"零饥饿计划"由结构性政策、专项政策和地方政策组成，这样既有总体层面的政策，又有专门针对特殊性的地方政策，它们很好地覆盖了社会饥饿群体的各个层面。

　　除了使用"零饥饿计划"解决贫困问题，是给予最低保障防止社会不稳定因素扩大之外，巴西政府还专门让技术援助和农村推广公司负责向农民传授转基因植物的种植技术，同时颁布了一系列的扶持政策，帮助农户进行农业生产，提高农户的生产能力，并且支持普通农户和企业或者农场主合作，这些举措增加了一定的就业机会，多渠道提高了普通农户的收入水平。

　　总而言之，虽然巴西政府考虑到国内的现实情况，在最开始不愿意支持转基因作物的推广，但是在转基因技术的强大生产力之下和巴西农场主已经开始私下进行转基因植物的种植，再加上国际农业竞争力等多方面的考量，巴西政府不得已只能同意转基因技术在国内的推广。不过需要注意的是，巴西政府在推广之前就预料到了贫富差距拉大、土地兼并等多项负面影响，因此针对这样的结果，巴西政府积极作为，出台了一系列相关的政策，尽可能地消除了负面影响。可以看出，除了对转基因作物进行监管之外，政府还需要对其后续产生的各项影响做好提前预判，并且在推广过程中进行积极补救。

值得和巴西对比的是阿根廷的转基因作物推广。从上文中我们已经得知，阿根廷的生物育种技术在很早就得到了批准推广，虽然有一些学者认为，阿根廷是自己主动接受了转基因技术，与巴西的被动态度不同，但是需要注意的是，阿根廷并不具备先进的农业转基因技术，转基因技术还是来自孟山都这样的跨国公司，所以阿根廷的主动接受其实还是无从谈起，更合适的说法是，阿根廷为了维持政府收入，无奈之下，只能选择进行转基因作物市场化，用来弥补其余产业萎缩造成的税收降低。和巴西不同的地方在于，巴西政府是被自身的农户和资本裹挟，政府其实还是有转圜余地的，但是阿根廷政府是被自身就窘迫的境况限制，不得已而为之。所以阿根廷政府就是想通过转基

第五章
国际转基因生物管理经验借鉴

因技术提高生产力来赚取外汇。但是如同巴西一样，阿根廷贫富差距拉大以及土地兼并的现象依然出现，但是阿根廷政府对此却毫无作为，再加上孟山都等国际公司通过资本运作逐步替代了阿根廷国内当地的农业企业，阿根廷的农业其实成为被国外资本控制的产业，阿根廷的土地在某种程度上成了美国的后花园，政府在资本的运作下，也是站在了大地主阶级的一端，并且在转基因作物的种植上，农户还需要缴纳相当于销售额1%的专利费，这进一步压缩了农户的收入空间。如果不同意缴纳专利费，那么跨国公司就会停止对阿根廷农业的支持，这直接会对阿根廷的农业造成毁灭性的打击，因此，阿根廷的农业其实已经被绑上了这些跨国公司的"战车"。

总体来看，对于阿根廷而言，转基因技术的进入确实是提高了农业整体的生产水平，但是生产水平提高带来的经济效益并没有给其他地方带来改善，农户的收入并没有提升，反而是生活更加困苦，本地的农业企业也并没有搭上顺风车，反而是被国际资本挤压退出了市场，阿根廷的农业阵地反而因为转基因技术的进入而失守，政府对于贫富差距拉大、土地兼并严重这样的社会现象熟视无睹，也并未出台相关的补救政策。正因为这种情况，阿根廷到现在都没有制定专门的法案来管理转基因作物，也并未成立

091

专门的监管机构。并且在舆论阵地上,阿根廷媒体也对转基因没有过多的讨论,民众对此也没有给予一定的关注,阿根廷的转基因管理法案制定也一直提不上日程。

第六章

我国转基因玉米推广的建议

从上文中的分析我们可以得出以下几个主要结论。第一，我国对转基因玉米的开放是必然的，可以说是无法阻挡的历史进程，这是由我国人多地少的基本国情决定的；第二，转基因玉米或者加工品其实在我国国内市场已经有了20余年的消费历史，在这段时间内，并未发现转基因玉米或者加工品有害的证据，这说明转基因玉米或者加工品在有效监管的前提下是可以保障安全性的，这也说明了我国其实具备推广转基因玉米或者加工品的基础；第三，我国转基因玉米目前已经具备了一定的技术积累，这主要得益于我国之前"大力研发，谨慎推广"的态度，但是技术储备相对于国外来说仍有不足；第四，我国转基因玉米的管理办法十分滞后，已经无法有效应对当前转基因玉米研发和推广中存在的问题，急需进行一次更新，建立起有效成体系的管理制度。以上述结论为基础，本章提出以下几条政策建议。

首先，对转基因玉米进行专门系统的立法。目前，我国还没有制定转基因生物安全方面的法律，从而使法律滞后于生物技术的发展水平，如何借鉴美国、日本、欧盟等发达国家和地区在生物安全法方面的经验，结合本国国情和生物技术发展现状，制定出一部切实可行的生物安全法律，是国家需要考虑的问题，同时也是法学界、农学界、生态学界与伦理学界要研究的重点。目前我国迫切需要解决的就是如何设计一部从整个生物安全的角度对生物安全管理做出全面、系统规定的综合性立法，立法需要考虑的内容包括：预防和控制转基因生物体的不利影响；维护生物多样性和生态稳定、保护人体健康、促进现代生物技术健康发展、保障社会的可持续发展等。另外还需要建立和完善与现有的管理条例、办法相配套的管理规范和管理程序，对于现有的管理条例和办法安全性评价的申报、审批与相关法规的衔接等问题要做出详细、明确的规定，使之更加科学、规范，更加切实可行。最后依据个案评价原则，针对玉米这一单一品种，在转基因的研发、推广、加工等环节也要出台相对应的管理标准。

其次，要合理分配政府管理职能，做到部门之间的高效合作。目前可以在由农业农村行政部门主管，卫生健康部门、市场监管部门协管的既有规制格局的大前提下，进

第六章
我国转基因玉米推广的建议

一步细化部门职能，加强部门之间的协调沟通，参考国际经验来说，还是应该由农业农村部主要负责转基因作物研发、实验、生产和加工等环节的安全评价和行政许可；国家卫健委负责提供安全评价中的食用安全评价技术支持，对于转基因玉米的再加工以及食品上市，必须经过国家卫健委的食用安全评价和行政许可；海关部门和市场监管部门负责入境审查，由农业农村部门和卫生健康部门提供技术支持，对于国内的转基因食品的流通销售环节的监督检查和标识管理以及行政处罚由地方农业农村行政部门和市场监管部门等联合实施，建立起全过程无缝规制，安全评价、行政许可和行政处罚有机结合的体系。

再次，完善转基因玉米风险评价制度。在评价内容上，要将产业、贸易和经济社会安全风险评价吸纳至转基因玉米的安全评价的范围之内，并逐步建立相应的评价标准和程序，对转基因食品产业发展的预期收益、积极影响和可能造成的危害进行全方位的评估，在权衡利益和风险的基础上确定市场准入规制政策，因此国家食品安全风险评估专家委员会的成员构成应该吸纳部分产业、贸易和经济社会领域的专家。另外，要针对玉米特性，建立全面准确的转基因玉米安全风险评价标准体系，除了广义上的转基因生物风险评价标准外，还需要针对玉米进行进一步的风险特性评估，由于安全风险评价标准体系的建立、基础数据的积累是一个渐进的过程，因此在前期可以参考国际食品法典委员会等国际组织和其他国家或地区关于转基因玉米的安全标准，对照我国的现有标准，认真听取各界意见进行修订和整合，制定出适合我国国情又与国际标准接轨的统一的转基因玉米安全风险评价标准。

最后，要加强生物安全、转基因食品的培训教育和科学普及工作。目前，我国政府之所以对转基因玉米的推广如此谨慎，很大程度上就是因为民众对于转基因玉米的偏见和不认可，因此需要政府和企业共同发力，采用各种形式，举办多层次的宣传科普活动，提高民众对于转基因玉米的认知水平，扭转民众的偏见。在转基因玉米的审批管理过程中构建合理的公众参与机制。从民众的角度来讲，民众作为转基因食品的基础消费者、食品安全隐患的直接承受者以及食品研发和生产投入的主要贡献者，希望通过参与转基因食品安全的评价决策和监管对其发展进行社会控制，最大限度地减轻转基因技术发展给自身利益和社会公共利益带来的负面影响；从政府的角度来讲，民众的参与也为客观评价转基因食品的影响以及安全规制决策提供新的信息和视角，提高决策的效率和质量，降低政府、专家、企业与公众之间的信息不对称程度，加强对政府和被规制企业的有效监督，抑制专家价值理性的偏离，提高公众的接纳度和满意度，从而提高政府监管绩效。